伸び悩む中小企業が壁を突破する「経営改革」の秘訣50

井原準哉 著

セルバ出版

はじめに

「どうすれば、会社を大きくすることができるのだろうか？」

今、本書を手に取っていただいている方は、日々の仕事に追われながら、こんな悩みを抱えている方だと思います。

創業後、順調に会社を大きくしてきたものの、ある時点からパタッと伸びが止まってしまった、あるいは、先代から引き継いだ会社を何とか大きくしたいと思うものの、なかなか業績が伸びない、こうした会社の経営者の方、または経営者の右腕として、社長の悩みを解決したいと思われている幹部の方に特に読んでいただきたいと思います。

本書は、会社を大きくしたいとの強い想いの一方で、業績が伸び悩んでいる会社の社長および幹部の方々に、新たな成長のステージに立っていただくための処方箋をお伝えすることを目的としています。

現在、日本には、１８８万社（法人のみ。平成28年経済センサス）の会社がありますが、そのうち95％が30名以下の企業、98％は１００名以下の企業です。小さな会社が圧倒的に多いことがわかります。

また、経済産業省の統計では、毎年開業する企業の30％は1年目に倒産、２年目に更に15％が倒産、３年目に10％が倒産、４年目以降も毎年５％くらいずつ消えていき、10年経つと10％くらいしか残っていないといいます。

企業の成長過程には、いくつもの壁が存在するようです。皆さんの会社のほとんどは、こうした壁を乗り越えて現在に至っているのだろうと思います。しかし、そこに新たな壁が立ちはだかっています。さらなる成長の壁です。

会社の成長の壁がなぜ生じるのか、2つの例を見てください。

1つは、社長が創業者のパターンです。創業社長は、ここまでご自身のアイデアと行動で、会社を成長させてきました。社員は、社長の指示を実直に実行するだけで、業績が上がっていきました。いわば社長1人が会社の頭脳であり、ビジョンや戦略は社長1人の頭の中です。しかし、ある時点から、業績が頭打ちになります。社長の指示が社員に徹底されなくなり、社長もその対応に追われて、新たなビジョンや戦略を描く時間を取ることができなくなってしまいます。社長1人が頭脳となっている会社の限界です。

もう1つは、創業後数十年が経つ、後継社長の会社です。先代社長までの時代、会社はいくつかの困難に直面しながらも、その都度それを乗り越えて会社を大きくしてきました。その間に、会社の仕組みもそれなりにできあがり、業績を伸ばしてきました。社長が細かい指示を出さなくても会社は回るようになっていました。しかし、近年の目まぐるしい経営環境の変化の中で、業績が厳しくなってきました。社長は、この状況を打開しようといろいろと策を打つものの、過去の成功体験から抜け出せない会社は、なかなか変わることができません。

細かく見れば、業績が頭打ちになる要因は様々ですが、共通することは、組織としての「仕組み」が機能していないことが原因です。最初のパターンでは、これまで1人で会社を回していたため、そもそも組織としての「仕組み」がありません。2つ目のパターンは、これまでの「仕組み」が経営環境の変化の中で合わなくなってきたのです。

新たな仕組みを構築または変革するには、会社の中にある壁を突破しなければなりません。それがこれから本書でお伝えする5つの壁です。

業績を伸ばす仕組みをつくるためには、5つの壁の実態を理解し、突破することが必要であり、そこではじめて新たな成長のステージに立つことができるのです。

私は、30年間、経営コンサルタントおよび研修講師として、様々な会社の経営改革や人材育成のお手伝いをしてきました。こうした経験やノウハウを、成長の壁に直面している経営者や幹部の方に役立てていただきたいと思い、筆をとりました。

本書は、第1章で小さな会社が伸び悩む原因を概観したうえで、第2章から第6章で5つの壁の正体と、その壁を突破する方法を具体的に解説しています。第7章では、改革をスタートさせるに当たって、最後に決めるべきことを示しました。

本書では、主に次の企業の経営者および幹部の方に読んでいただくことを想定しています。

●社員数15人から50人程度の規模
●創業後10年から老舗の企業

●会社を大きくしたい経営者・幹部

もちろん、それ以外の方にも参考にしていただけることはたくさんあると思います。

なお、本書は、新たなステージに立つためのガイドラインとして、経営理念、ビジョンの策定から、中期経営計画策定、人事評価制度や目標管理制度、業務改革など、多くの手法やツールについて解説していますが、個々の手法や制度構築の解説本ではありません。本書で、皆さんの会社が壁を突破するポイントを明らかにしたうえで、必要に応じて関連書籍を参考にしていただきたいと思います。

中小企業は、大企業と違い、経営資源が限られています。しかし、大企業にはない中小企業のよいところは、1度方向が定まったら、一気に会社を変えることができることです。

さあ、これから皆さんの会社を新たなステージへの扉が開かれます。

井原　準哉

2020年4月

伸び悩む中小企業が壁を突破する「経営改革」の秘訣50　目次

第3章　管理職の意識の壁と突破する秘訣とは

第4章　人材の戦力化の壁と突破する秘訣とは

第5章　非効率な業務推進の壁と突破する秘訣とは

第6章　組織風土の壁と突破する秘訣とは

第7章　新たなステージへの挑戦

第1章　中小企業が伸び悩む原因

1　中小企業が抱える悩み

環境激変の時代

今、本書を手に取って読んでおられる多くの方は、自分の会社の業績を伸ばしたいと思いつつ、それが思いどおりにならない会社の社長だと思います。あるいは、社長の右腕として、社長とともに今の業績を何とか上向かせたいと考える経営幹部の方かも知れません。いずれにしても、本書は、会社をもっとよくしたいと日々悩まれている方を対象に書いています。

多くの会社の社長は、会社を大きくしたいと考えているはずです。大きくしたいとは、売上を上げるということもそうでしょうが、堅実に利益が上げられる会社、しっかり経営基盤が築かれている会社を実現することも含んでいるでしょう。

しかし、現実は、次から次に襲ってくる経営環境の変化に対応するのに精一杯で、なかなかご自身が理想とする経営を実現することができません。本書を書いている現在も、米中貿易摩擦をはじめ、日韓関係悪化、少子化に伴う採用難、働き方改革やワークライフバランスの進展、コンプライアンスの要請、ＡＩなどの技術革新、新型肺炎の流行といった様々な環境変化が、次から次へと押し寄せています。これらが、直接、間接に会社経営に影響します。

経営規模の大きい企業であれば、その影響にもある程度耐えられるかも知れませんが、小さな会社にとっては、まさに存続にかかわります。中小企業は、あたかも荒れ狂う大海を航海する小舟のような存在とも言えます。

小さな会社の社長の悩み

こうした厳しい経営環境の中で、中小企業の社長の悩みは尽きません。次から次に降りかかってくる環境変化への対応に追われ、現状の売上や利益の確保に手一杯の状況です。

そうした努力にもかかわらず、現実は、経営は安定せず、外部環境や主要顧客の政策変更によって、まさに大海の波間に漂う小舟のように激しく揺さぶられます。様々な手は打ってみるものの、なかなか思うような成果は上がらず、何とか現状を維持しているような会社もあります。中には徐々に売上を落とし、過去の蓄積で何とか踏みとどまっている会社もあります。

多くの中小企業の社長のお話を聞く中で、社長の悩みは様々ですが、突き詰めると2つに集約されます。それは、

●会社の売上が伸びない
●人材がいない

ということです。

何といっても、社長の悩みの第1は、会社の売上が伸びないことでしょう。思うように業績が伸びない、売上が減少している、主要顧客から取引を打ち切られそうなど、悩みは尽きません。新し

【図表１　小さな会社の社長の悩み】

利益確保が
厳しい
売上が頭打ち
顧客の
値下げ要求が
厳しい
３年先の経営が
読めない
クレームが
減らない
製品開発が
遅れている
コストダウンが
進まない
コンプライアンスが
不安
人が
採用できない
社員の
モチベーションが
低い

い顧客を探すか、画期的な新しい商品を開発すれば売上は上げられますが、それができるならばそもそも苦労はありません。

もう1つは、人材がいないという悩みです。新規顧客を探してきたり、商品開発を行ったりするのにも、結局人がいない。何か新しい取り組みをしようにも人がいない。結局、苦手なことも含めて全部社長である自分がやらなければならない。こう思っている社長は多いと思います。

あるリフォーム会社の社長が、「うちみたいな小さな会社にいい人材は来ないんですよ。うちは使えない人間ばかりですよ」と言われていました。使えない人間ばかりなのかはともかく、人材が来ないことについては、多くの中小企業の社長が実感されていることだと思います。

ほとんどの社長は、「会社を大きくしたい」と言います。ですが、そのために何をしたらよいのかがわからず、現状を変えられないまま日々目の前の仕事をこなしています。

本書では、こうした状況に終止符を打ち、皆さんの会社が新たなステージに立つための処方箋をお伝えしていきます。

2　会社の成長を妨げる5つの壁

何が会社の成長を妨げているのか

皆さんの会社が新たなステージに立つために、まず知っておかなければならないことは、皆さんの会社の前に立ちはだかっている5つの壁です。社長が日々頭を悩ませ、あれこれ手を打つにもかかわらず、結果が出ないのはこの5つの壁があるからです。その壁とは次の5つです(図表2参照)。

●計画性の壁
●管理職の意識の壁
●人材の戦力化の壁
●非効率な業務推進の壁
●組織風土の壁

これらの壁は、それぞれ強度が異なります。また、1つの壁が他の壁を支えていることもあります。これらの壁の正体とそれらの関係を知り、その壁を突破した先に、皆さんの会社の新たな成長のス

【図表2　会社の成長を妨げる5つの壁】

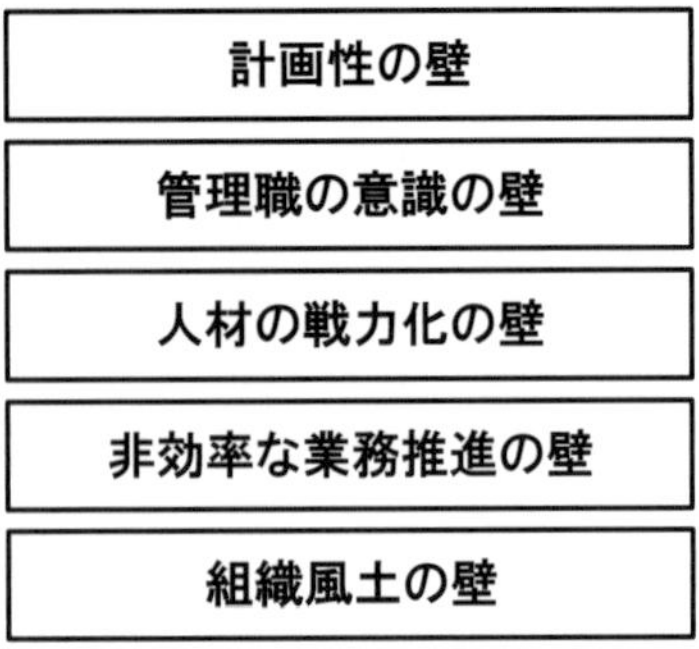

テージが待っています。詳細は第2章以下に譲るとして、5つの壁について簡単に見ていきましょう。

■計画性の壁

ほとんどの会社は、年度計画を立てて今期の売上や利益目標を掲げます。ただし、どうやってその売上や利益を上げるのかが明らかになっていません。

特殊な事情がある場合は別として、ほとんどの場合、目標は前年より高いものでしょう。その目標を達成するには、当然、新しいことをやらなければなりませんが、その方法、すなわちシナリオが示せていないのです。それが社員の行動のベクトルを合わせる上での大きな壁になっています。

■管理職の意識の壁

管理職は、組織の中間に位置します。上下のパイプ役として、会社の方針や戦略を現場に落とし込む一方、現場の実態を経営層に伝える役割を担っています。

組織において社長の役割が重要であることは言うまでもありませんが、組織が一体となって動くためには、管理職がその役割をしっかり果たす必要があります。しかし、中小企業の多くの管理職には、その自覚が不十分です。

■人材の戦力化の壁

残念ながら多くの中小企業は、大企業のように優秀な人材が採用できません。少子高齢化で労働力不足が進む中、相対的に労働条件が整備されていない中小企業にとって、ますますこの傾向は強まるでしょう。

会社を伸ばしていくためには、よい人材が欠かせません。能力の高い人材が採用できないのであれば、育てるしかありません。ところが、多くの中小企業では社員を育てる仕組みが不十分です。

■非効率な業務推進の壁

管理職の壁や人材戦力化の壁とも関連しますが、多くの中小企業の社員は、マネジメントや業務改善の知識が乏しく、業務の効率化が進んでいません。コミュニケーションが不十分なことにより、必要な情報が的確に伝わらず、多くの非効率が生じています。また、情報システムも不十分で、業務の多くが手作業で行われていることも非効率の原因です。

売上や利益は、現場での仕事の結果として得られるものです。そして仕事に使える時間は有限です。時間のムダを省き、できる限り価値の高い仕事に時間を活用しなければなりません。

■組織風土の壁

おそらくこれが一番大きな壁です。良好な組織風土が形成されていないと、新たなステージに上がるためのどんな処方箋も、効果を十分に発揮することができません。創業後一定の年数を経て、業績も上がっていない会社では、仕事がマンネリ化し、諦めムードというか、きょうの仕事をこなすだけといった状況になりがちです。これでは新しい取組みにチャレンジし、成果を上げることはできません。

会社が新たなステージに立つためには、大きく立ちはだかる5つの壁を突破する必要があります。

5つの壁の関係

5つの壁について簡単に触れましたが、これらの壁の主な関係を整理しておきます(図表3参照)。

■計画性の壁

まず計画性の壁ですが、これは、管理職の意識の壁と、非効率な業務推進の壁に影響します。計画は、組織が一体となって目標を達成するためのシナリオですから、管理職がその目標とシナリオを理解して、担当部署をマネジメントする必要があります。また、計画のシナリオに沿った業務を推進することによって、効率的な目標達成が可能になります。

■管理職の壁

次に管理職の壁は、人材の戦力化の壁と非効率な業務推進の壁に影響します。人材の戦力化には、日々業務で社員と接する管理職の意識と行動が極めて重要です。また、管理職の適切なマネジメントが、業務推進の効率性に大きく影響します。

■人材の戦力化の壁

【図表３　５つの壁の関係】

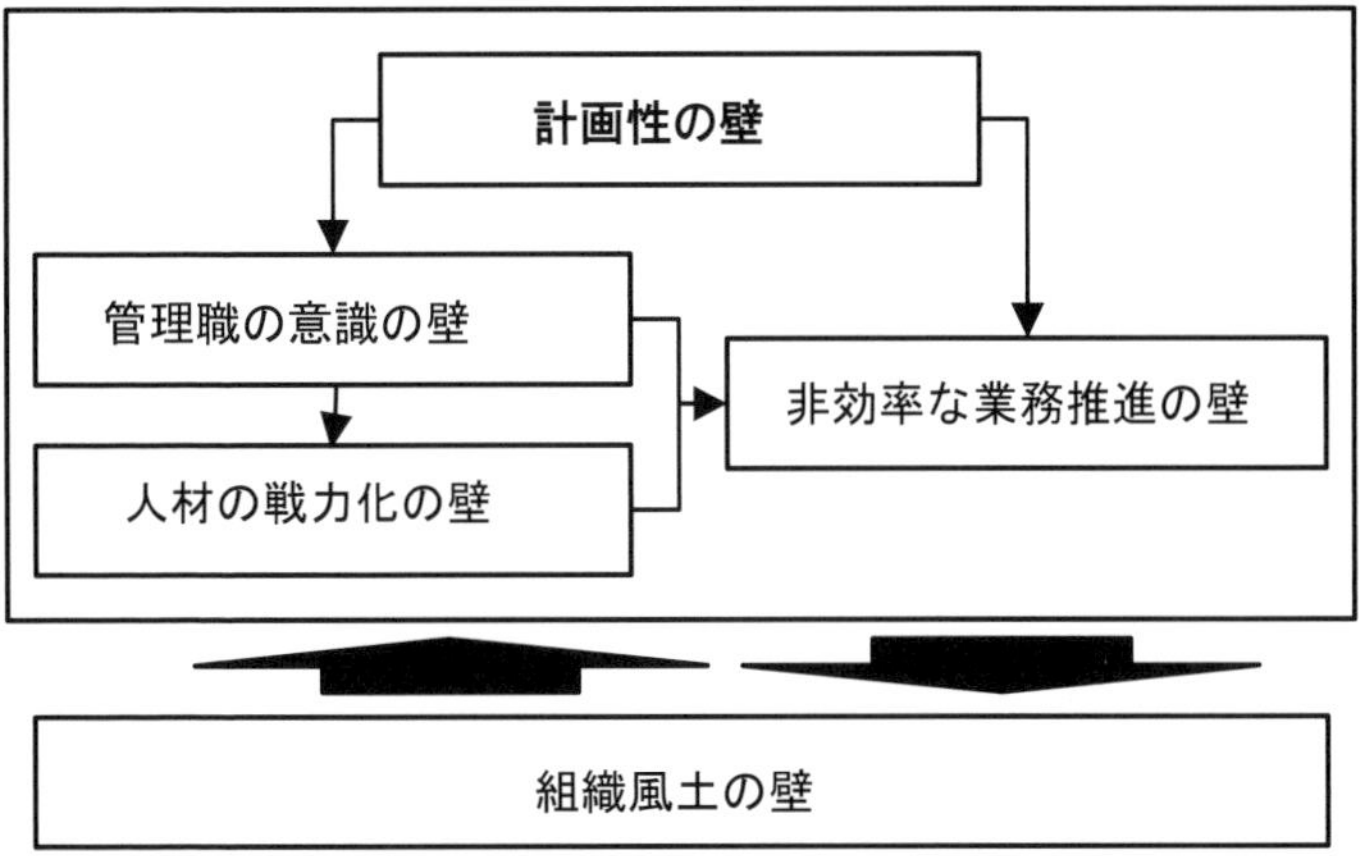

人材の戦力化の壁は、管理職の意識に影響を受ける一方で、非効率な業務推進の壁に影響を及ぼします。業務そのものを実行するのは社員ですから当然のことと言えます。

■非効率な業務推進の壁

非効率な業務推進の壁は、計画性の壁、管理職の意識の壁、人材の戦力化の壁それぞれから影響を受けます。適切な計画に沿って、それぞれの管理職が適切に自部署をマネジメントし、その指揮のもとで社員が戦力として高いパフォーマンスを発揮すれば、おのずと業務の効率は上がるでしょう。

そして、その結果が売上や利益となります。いわば新たなステージに立つために最後に突破する壁です。

■組織風土の壁

最後に、組織風土の壁は、前述のとおり他のすべての壁に影響を与えています。同時に他の４つの壁からも影響を受けています。これは当然のことで、組織風土とは、他の4つの壁の状態を総合したものだからです。計画性の壁があるのも、管理職の意識や人材の戦力化の壁があるのも、非効率な業務推進の壁かあるのも、根本的には組織風土に問題があるのです。ですから、組織風土を変えられれば、他のすべての壁を突破することが可能です。ただし、この壁が一番高く堅牢です。

逆に、組織風土以外の壁を突破することによって、組織風土の壁を変えられることもあります。たとえば、あいまいにされていた管理職の役割を明確にすることによって管理職の意識が変わり、それが組織風土によい影響を与える場合がそうです。

経営改革を進める場合、これらの関係を理解しておくことで、より効果的に進められます。なお、この関係性は、大括りに捉えたもので、実際には個々の壁に限定した取組みでも、効果が出ることもあるでしょう。また、会社の状況によって取組みの優先順位は変わります。

いずれにしても、これらの関係を理解した上で、改革に取り組むことが重要です。

3　壁を突破するための基本的な考え方

大局的に捉える

5つの壁を突破する方法は、第2章以下で詳述しますが、その前にすべての壁を突破する上で共

【図表４　大局的視点】

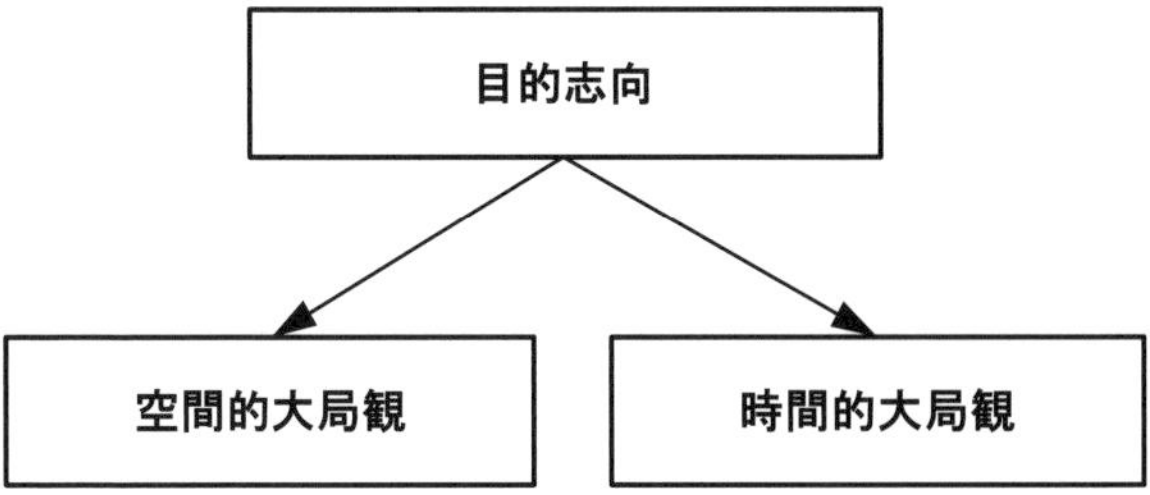

通する、2つの大事な考え方について説明しておきます(図表4参照)。

第1に、経営者は大局的視点を持つことが必要です。多くの中小企業の社長が、目まぐるしく変わる経営環境の中で、売上や利益の確保に頭を痛めています。もちろん、当面の売上や利益は大切ですが、経営者には同時に大局的な視点が必要です。大局的に会社を捉えることで、より多くの打ち手が見えてきます。

大局的に物事を捉えるとはどういうことかというと、第一に、何を行うにしても、常に「本質的な目的」を意識するということです。大局的に見るといっても、ただ漠然と見ているだけでは何も見えてきません。何を行うにしても、一番大事なのは「何のために行うのか」という目的です。

1例を上げれば、「新たな成長ステージに立つために現状の問題点を正しく把握する」というのもあるでしょう。この目的を明確にした上で、把握する対象を空間的、時間的に大きく捉えるのです。

空間的に大きく捉えるとは、自社だけ、あるいは自社と現在の取引先だけを見るのではなく、広くは政治や経済、社会動向、技術動向などにアンテナを張り巡らせ、また、皆さんの会社が属している業界や市場、競合他社の動きも把握するということです。そういう視点を持つことで、自社と取引先との関係だけに一喜一憂するよりも、自社が置かれている環境から、チャンスになることや、脅威を与えることを見つけ出して、対策を打つことができます。

次に時間的に大きく捉えるとは、目先のことだけでなく、3年先、5年先を見据えて、逆算で今何をやるべきかを考える視点です。中小企業の社長の多くは、当面の売上や利益にばかり目が行きがちです。無理もないところですが、目先どうするかということだけでは、打ち手は限られます。

当然ですが、1日でできることには限りがあります。同じように1年でやれることよりも、3年でやれることのほうが多いのです。新たな成長ステージに立つためには、3年、5年先を見据えて中期的に取り組むべきことを判断し、逆算で今やることを決めるという視点が必要です。

こうした大局観を持つことで、目の前のことを考えるだけでは見つけられなかった、5つの壁を突破する方法が必ず見えてきます。

「見える化」する

もう1つの大事な考え方が「見える化」です。この言葉が広まった時期は、かれこれ10年以上はたっているのではないでしょうか。当初は少し硬い表現で「可視化」と呼ばれていましたが、今では「見える化」のほうが一般的なようです。

言葉として広まったのはそう古いことではないのですが、考え方自体は昔からありました。的確な判断をする上での鉄則です。トヨタ生産方式の手法の1つに、「目で見る管理」というものがあります。詳細は省きますが、その代表的な仕組みに、「アンドン」があります。これは製造現場に設置されたラインの状態が、一目でわかる表示板のことで、これを見ることで、迅速かつ的確な対応につなげる仕組みです。

「見える化」とは、文字どおり、把握する対象を、目に見える形にすることです。具体的には、文章や図解、あるいは記号で対象を表現することです。対象を「見える化」することで、正確な把握や情報共有が可能になります。たとえば、自社が置かれている経営環境を「見える化」すれば、実態が具体的に捉えられます。また、社員に伝えたい情報を「見える化」することで、正確に伝えることが可能です。

コンサルタントとして多くの中小企業を見てきて感じるのは、中小企業は、総じて「見える化」が苦手だということです。ある会社では、システムが老朽化したため再構築する話が長年持ち上がっていましたが、基幹システムの再構築ともなれば大きな投資になるため、結論は常に先送りされていました。

なぜ結論が出せないかといえば、単純な話、システム再構築による費用対効果が「見える化」されていないため、判断ができないからです。そこで、現状の業務を「見える化」した上で、あるべき業務プロセスを「見える化」し、その業務をサポートするシステム要件を「見える化」することによって、開発業者に依頼して費用を「見える化」しました。一方、新業務移行によるコスト削減効果も「見える化」し、費用対効果を明らかにすることによって、導入を決定しました。

天才と呼ばれる人ならいざ知らず、通常の人の脳には限界があります。様々なことを頭だけで考えようとしても無理があります。判断すること、考えたいことは、必ず「見える化」することです。

皆さんの会社が、新たな成長ステージに立つためには、まず大局的視点で現状を「見える化」した上で、やるべきことを「見える化」することが必要です。その上で、現状の体力とも相談しながら、取組みの優先順位を決め、今やるべきことを決め、それらを「見える化」して社員と共有し、実行することです。また、進捗状況も「見える化」し、迅速に対応することにより、新たなステージに立つことができます。

神風が吹かない限り、今までと同じことをやっていたのでは、今まで以上の成果を上げることはできません。新たな仕組みと行動のみが新たな成果を生むのです。

それでは、いよいよこれから5つの壁を突破するための秘訣を見ていきましょう。

【壁を突破する秘訣　その1】

5つの壁と、相互の関係を把握する。

【壁を突破する秘訣　その2】

大局的視点で対象を捉える。

【壁を突破する秘訣　その3】

現状とやるべきこと、伝えるべきことを文章や図解で「見える化」する。

第2章　計画性の壁と突破する秘訣とは

1 「計画性の壁」の正体

「計画」はなぜ必要なのか

新たなステージに立つための第1の壁が、「計画性の壁」です。強力な意思とカリスマ性を持った社長の中には、「計画など必要ない。ただ実行あるのみだ」という方もおられます。また、「計画などつくっても、どうせそのとおりにはいかないから計画はざっくりしたものがあればよい」という社長もおられます。ぜひとも成功していただきたいとは思いますし、創業間もない会社では短期的に成功することもあるかも知れません。

しかし、残念ながら、近い将来、壁にぶつかるのは間違いないと思います。それは、経営の指針となり、社員が共有するべき計画が存在しないからです。

計画は、なぜ必要なのでしょうか。一言でいうと、計画は、組織が「効率的かつ確実に成果を上げる」ための唯一の手段だからです。全社員が行動のベクトルを合わせるための唯一の方法です。

会社は、利益を上げ続けることが必要です。そして、新たな利益は新たな行動からしか生まれません。しかし、何でも行動すれば利益が上がるかというと、当然そんなことはありません。アルコールの嫌いな人にビールをいくらすすめても買ってはくれません。正しい行動のみが利益につながります。

難しいのは、何が正しい行動かということですが、これは実際のところやってみなければわかりません。わかりませんが、やっても明らかにムダなことと、やったらうまくいくかもしれないという判断はできます。使える時間は決まっています。限られた時間を最大限有効に活用するために、何をやるべきかを決めることが必要です。

また、会社には多くの社員がいます。何をやるにしても、それぞれの考え方は違います。ですから、その何をやるかを、会社として明確に示し、共有する「計画」がどうしても必要なのです。

さらに、計画は、「物差し」に例えることができます。会社が望んでいることを計画として明らかにし、それを「物差し」として使うのです。残念ながら、世の中は思ったとおりに事は運びません。思ったとおりにいくのならば、そもそも本書は要りません。そのことを理由に計画を軽視する向きもありますが、計画という物差しがなければ、そもそも思ったとおりなのかどうかもわかりません。さすがに利益が出ていない状況はまずいとわかるでしょうが、そうした状況に対しても、社長は、ただ「頑張れ！」と社員を叱咤する他ありません。結果が出ないのは明らかです。

ところが、計画があれば違います。計画を物差しにして現状と比較することができます。たとえば、売上や利益の目標が立てられ、その目標を達成するためのシナリオが示された計画に対し、売上は物差しどおりだが、利益が物差しどおりになっていないことがわかったとします。計画があれば、シナリオのどの部分が物差しどおりにいっておらず、どう変えれば利益を改善することができるのかをいち早く判断することが可能になります。計画の直接的な役割はこのことにあります。

計画とは、経営の意思を具体的に「見える化」するものです。皆さんの会社が、新たなステージに立つためには、物差しになり得る具体的な計画をつくることが必要です。

重みのない計画

しかし、計画さえあればどんな計画でもよいというものではありません。その時点で正しいと思われる行動が示され、物差しとして役に立つ計画が必要です。

皆さんの会社でも、毎年、年度計画をつくられていると思います。ところが、月を追うごとに計画と実績との開きが大きくなり、そのうち計画は忘れ去られ、結果、毎年計画未達に終わることが当たり前になっている会社があります。まるで年度計画策定が、単なる毎年つくるだけの恒例行事のようになっています。

かつて日本経済が右肩上がりだった時代には、ある程度高い目標を設定しても、計画が達成できました。そこで、計画とは「前年比○%アップ」と考えるのが計画という誤解が生まれました。ところが、1990年代以降、失われた10年、20年ともいわれる時を経て、低成長の時代になった現在、この考え方は通用しなくなりました。

それでも多くの社長は、社員に目標を持たせる意味で計画は必要だと考えます。それも、前年比マイナスでは社員のモチベーションにも悪影響なので、やはり前年比プラスの計画を立てます。ただ、計画のつくり方がこれまでどおりなので、やはり計画は達成できません。やがて社員は、計画は達成できなくて当たり前になります。計画とは達成するものではなく、単に年間行事のお飾りとしてつくられます。

つまり、計画自体の重みがなくなってしまったのです。これが計画性の壁の正体です。極端な例かもしれませんが、ある会社の社長が、「計画を立ててもどうせ当たらないのだから、あまり力を入れても仕方がない」と言われたことを覚えています。計画とは、当てるものではなく、達成するものなのです。

目的・目標・協働

では、どうすれば計画に重みを持たせることができるのでしょうか。また、そもそも「計画の重み」とは何なのでしょうか。そのことを考える前に、少し「組織」について考えてみたいと思います。計画の重みを考える上で、「組織」を理解することは極めて重要です。

研修で、「組織とは何ですか」と質問することがあります。しかし、明確に自身の考えを説明できる方は、必ずしも多くはありません。チェスター・バーナードという経営学者の定義を少しアレンジしたものを紹介すると、組織とは、「共通の目的と目標の実現のために、複数の人が協働する仕組み」です。

キーワードは、「共通の目的と目標」と「協働」です。つまり、組織とは、その構成員が共通の目的・目標を共有した上で、他の構成員と協働して、それらを実現するための仕組みです。

もう1つ、「目的」と「目標」の違いについて触れておきます。2つの言葉はよく混同して使われますが、両者には明確な違いがあります。簡単にいうと、「AのためにBを実現する」というときのAが目的で、Bが目標です。目的は目指すもの、目標は具体的な到達点と言えます。

会社は「組織」ですから、組織の定義に当てはまります。会社における共通の目的・目標とは「経営理念」であり、「ビジョン」です。ただ、多くの会社で、社員が必ずしも自分たちの会社の経営理念やビジョンを十分に認識しているとはいえないように感じます。皆さんの会社はいかがでしょうか。

次に、「協働」はどうでしょうか。これも多くの会社で、部門間や職場内での対立が生じていることからすると、必ずしも十分に協働しているとはいえないかも知れません。

多くの会社は、年度計画で目標を達成するための経営方針を示します。「企画提案力の強化」、「コスト削減の推進」などです。しかし、これだけでは計画として不十分です。「企画提案力の強化」は、どうなったら企画提案力が強化されたことになるのかが明確ではないからです。ですから、社員は、どのように協働をしたらいいのかわかりません。結局、とりあえず今までどおりやろうとなります。どのようにやるかがわかって、協働ができるのです。

社員がこれらを理解すると、目標に重みが出ます。「全社員一丸となって」という言葉を聞きますが、一丸となるためには、「経営理念」と「ビジョン」が必要です（図表5参照）。

すべての人は、まずは生活の糧、つまりお金を得るために働いています。ただ、社員が十分満足

【図表５　重みのある計画】

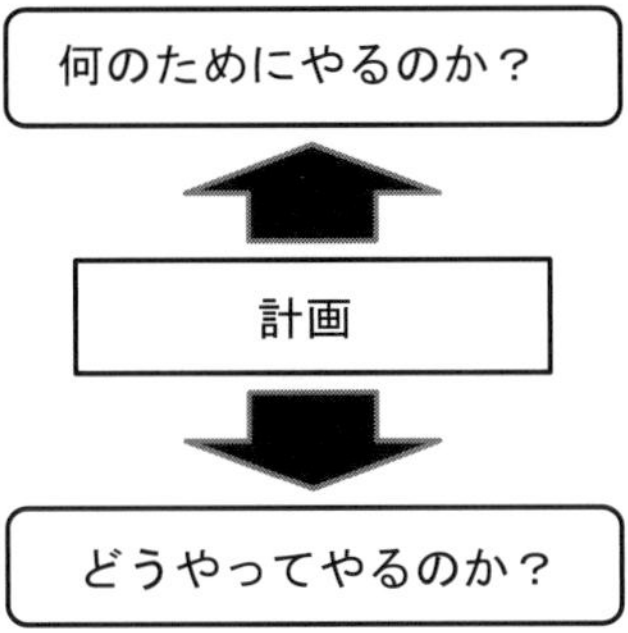
何のためにやるのか？
計画
どうやってやるのか？

する給与を払える会社はほんの一握りです。お金も大事ですが、もう1つ、人が仕事に対して求めるものはやりがいです。会社の経営理念やビジョンが、社員にやりがいを与えます。

何のためにやるか、どうやってやるかがわかって、初めて社員が共有できる重みのある計画になるのです。

計画性の壁を突破する

ここまで重みのある計画についてお伝えしてきました。それでは、いよいよ「計画性の壁」を突破するための具体的方法をまとめましょう。

お伝えしたように、計画が組織にとって必要なのは、それが組織としての力を十分に発揮するための唯一の手段だからです。それぞれの社員に共通の目的、目標を与え、何についてどのように協働するのかを示すものが計画です。

会社は、複数の社員で構成されています。もし計画がなければどうなるでしょう。社員は、それぞれの考えで、それぞれ行動します。そこには共通の目的・目標もなければ協働もありません。したがって、これは組織ではありません。実際に、ここまでひどい会社は存在しませんが、計画があいまいであればあるほど、この状態に近くなります。

計画性の壁の正体は、「重みのない計画」にあると言いましたが、もう少し具体的に言うと、「重みのない計画」の正体は、「共通の目的・目標」と「協働の仕方」が示されていないことにあります。「何のためにやるのか」がわからなければ、人は本気で取り組むことができません。目的がわからないことをやるのは、苦痛でしかありません。また、「どうやってやるのか」が示されない計画は、フワフワ空中に浮かぶ風船のように軽いのです。組織が組織として一体となるためには、社員がしっかり受け止められる重みのある計画が必要です。

それでは、ここから重みのある計画をつくるポイントを確認していきましょう。

2　経営理念を確立する

経営理念とビジョン

どんな計画にも「共通の目標」は示されています。売上目標や利益目標です。しかし、それらの目標はいったい何のために必要なのでしょうか。その答えがつまり共通の目的です。「それは利益を上げるために決まっているじゃないか」との声が聞こえてくる気がしますが、そう答えられた方には次の質問です。「利益は何のために上げなければならないのでしょうか」。

「それは会社を大きくするためじゃないか」と、また即答されるかも知れません。あるいは、「会社を継続させるためだ」とお答えになる社長もおられるかも知れません。そこで、あえてもう1つ質問です。「では、なぜ会社を大きくしなければならないのでしょうか」。あるいは、「なぜ会社を継続させなければいけないのでしょうか」。

お叱りの声が聞こえてきそうなので、このあたりでやめておきますが、こうした質問を続けているうちに、答えがあいまいになる社長が少なくありません。数値目標の達成が、何のために必要であるのか、明確に答えられないケースが多いということです。社員が求めているのは、共感できる本質的な目的です。それが経営理念です。

社員の中には、別に給料さえもらえれば会社が大きくなる必要はないと考える人もいるかも知れません。また、自分が在籍している間は会社が続いてもらわなければ困りますが、転職や定年退職をする社員にとっては、会社が大きくなることは重視されないかも知れません。

人は、目的がわからないものに対して本気で取り組むことはできません。ほとんどの目標は、前年比○%アップというようにチャレンジャブルなものです。その目標を達成するためには、これまで超えられなかったハードルを越えなければなりません。その力を与えてくれるものが目的、つまり「経営理念」です。しかもそれは、社員が共感できるものであることが必要です。

次に、数値目標に対する社員の「なぜ？」に答えるものが「ビジョン」です。ビジョンという言葉は、様々な意味で使われていますが、本書では、「将来のある時点における、自社のありたい姿」という意味で使います。社員が共有できる、実現したいと思える将来像です。そのようなビジョンであれは、その実現のために数値目標の達成が必要だという言葉に、説得力を持たせることができます。

しかし、それでも、「私は、Aというビジョンを実現すべきだと思うのに、なぜBというビジョンなの？」という社員がいるかも知れません。その「なぜ？」の答えが、会社の存在意義を示す経営理念です。つまり、「自分たちは何のために社会に存在するのか、社会に対してどのように貢献するのか」ということです。この会社の経営理念がビジョンに意味を与え、数値目標に対する「なぜ？」の最終的な答えです。

なお、「なぜ、その経営理念を実現しなければならないの？」という質問に答えはありません。なぜなら、それこそが会社の存在意義であり、理屈では、その実現のために社員が集まった「組織」だからです。「自社の存在意義」こそが、社員が共有しなければならない共通かつ最終の目的です。

経営理念の意義と具体例

経営理念は、自社の存在意義であり、計画に意味を与える最終的な目的です。会社の憲法とも言われます。これが社員に共有されている会社は本当に強いです。

ほとんどの会社は、この経営理念を持っています。ただ、それが社員に浸透している会社は、そう多くはないというのが実感です。私は、コンサルティングのご支援をする場合、社長をはじめ幹部の方々にインタビューをさせていただくのですが、そこで必ず「御社の経営理念は何ですか？」

とお尋ねします。社長の中には、それこそ強い想いを込めて熱く語られる場合もありますが、多くはどうも字面を解説されているだけのように聞こえてきます。そして、それが幹部や一般社員ともなると、「ナンだったたっけかなあ？」とか、「確かこんな言葉があったように思います」と、何とも頼りない答えが大半です。

要するに、経営理念が単なる「お飾り」になっているのです。正直に言うと、実は私自身、「経営理念とはそんなもんだ」と思っていた時期もありました。

「理念で飯が食えるか」と言われる方がいます。確かに、理念だけでは飯は食えませんが、「うまい飯を食う」ためには、経営理念が必要です。うまい飯とは、お客様に喜ばれ、社会に貢献し、社員がそれを実感して、活き活きと働いたときに食べられます。一見、青臭い意見に聞こえるかも知れませんが、人間は本来、青臭いものに動かされるのです。人は、損得勘定でも動きますが、得することがなくなったら離れていきます。

経営理念に正解はありませんが、社員共通の目的になるものでなければなりません。そのためには、共感できるものである必要があります。３つほど例を見てみましょう。

■事例１：松下電器産業（現パナソニック。出所：同社ＨＰ）

> 【綱領】
> 産業人たるの本分に徹し

社会生活の改善と向上を図り
世界文化の進展に
寄与せんことを期す

ご存じ経営の神様、松下幸之助翁が創業した会社です。現在は、現代風にアレンジしたものになっていますが、個人的な好みもあり、幸之助翁制定のものを紹介します。引き締まる気分になります。

■事例2：キーエンス（出所：同社ＨＰ）

最小の資本と人で最大の付加価値をあげる
「目的意識」を持って主体的に行動する
「市場原理・経済原則」で考える

大阪に本社のある、センサーを軸とする年商5，900億円（2019年3月期）の産業機器メーカーです。

同社では「フィロソフィー」と称しています。少しドライな印象も受けますが、理念どおりの徹底した合理的経営で、過去25年間の平均成長率10％以上、営業利益54％と驚異的な業績を上げています。

■事例３：伊那食品工業（出所：同社ＨＰ）

【社是】

いい会社をつくりましょう　〜たくましく　そして　やさしく

［いい会社とは］

単に経営上の数字が良いというだけでなく、会社をとりまくすべての人々が、日常会話の中で「いい会社だね」と言ってくださるような会社のことです。「いい会社」は自分たちを含め、すべての人々をハッピーにします。

そこに「いい会社」を作る真の意味があるのです。マニュアルや、目標数字のある会社は世の中にたくさんあります。でも何より大事なのは、羅針盤となる社是ではないかと当社は考えています。社是は、会社を構成するすべての人々の共通の土台であり、道しるべです。

こちらは、長野県に本社のある、年商１９５億円（２０１８年12月期）の寒天食品を中心とする食品メーカーです。身の丈にあった着実な成長を目指す「年輪経営」で有名で、かつて48期連続増収増益を達成しました。社員を第一に考える会社としても知られています。個人的に大好きな理念です。

いかがでしょうか。個人差はあるかもしれませんが、パナソニックや伊那食品工業の経営理念は、人の心に響くものではないでしょうか。他方、キーエンスの経営理念は、個人的には少しドライにも見えますが、それを徹底して圧倒的な業績を上げている点は見習うべきでしょう。

パナソニックは、今でこそ大きくなりすぎて、経営理念の浸透に苦労しているようですが、松下幸之助翁の時代には、綱領に示された精神が全社に息づいていたそうです。また、他の2社はそれこそ理念を体現するような経営で業績を伸ばし続けています。

アメリカの巨大製薬メーカーにジョンソン&ジョンソンという会社があります。バンドエイドなどの製品が有名ですが、もう1つ有名なのが「Ｏｕｒ　Ｃｒｅｄｏ＝我が信条」という、同社の経営理念です。長文なので、全文は割愛しますが、①顧客や患者、②全社員、③地域社会、④株主、のそれぞれに対する当社の責任を謳ったものです。かつての会長兼ＣＥＯのビル・ウェルドンという人が、この「我が信条」について言った言葉が、経営理念の大切さを物語っていますので、紹介しておきます。

「あんないいものがあるから、自分たち経営者は枕を高くして眠ることができる。アメリカが夜で地球の反対側が昼間でも、『我が信条』に従ってうちの人たちはちゃんと仕事をやってくれているのがわかっている。経営者にとっては、こんなに楽なことはない。こんな優れた道具はほかにはないと思うよ」。

（出所：「世界で最も称賛される人事」ヘイコンサルティンググループ、浅川　港編著、日本実業出版社刊）

【図表６　経営理念の３つの要素】

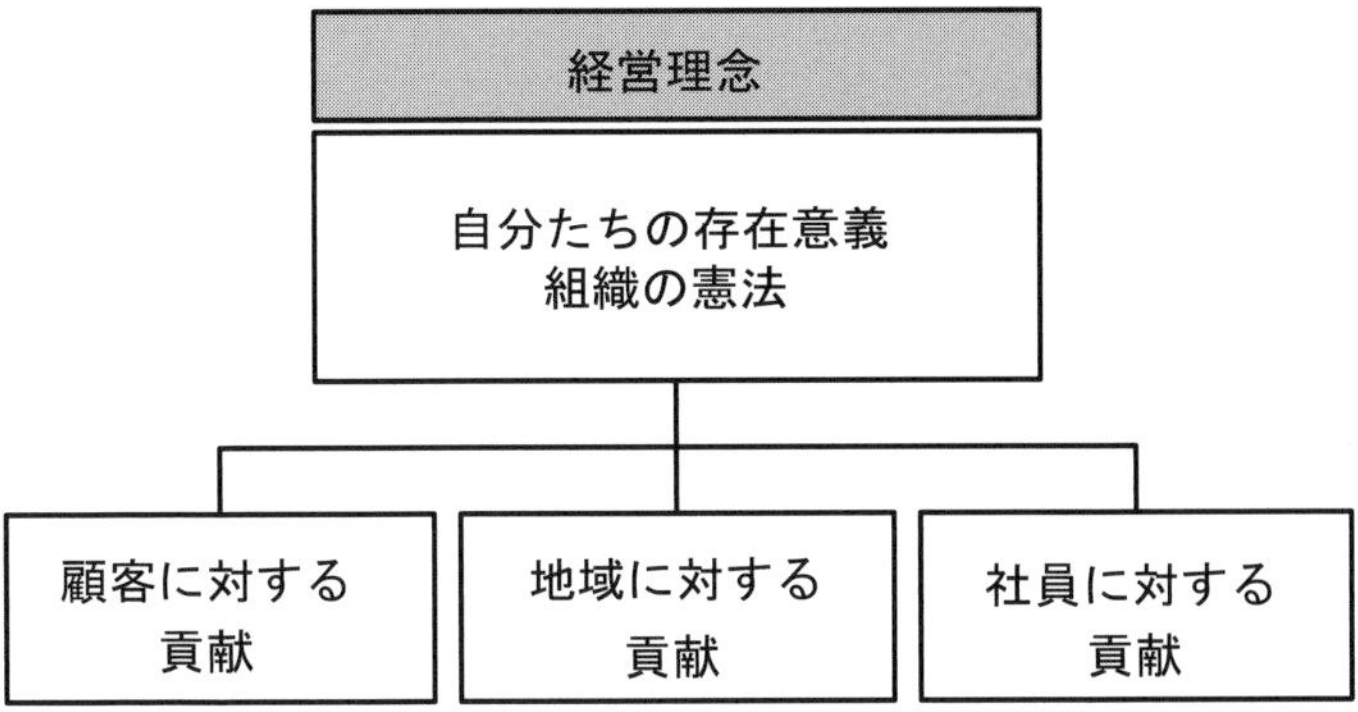

経営理念を掲げる

それでは、経営理念の基本的なつくり方を説明します。もちろん、すでに経営理念があるという会社の社長は、改めてつくり直す必要はありませんが、次に示す内容で、補足文をつくることをおすすめします。

また、今の経営理念が形骸化していて、自分でも腹落ちしないと思われる社長は、この機会につくり直すのがよいでしょう。

いずれにしても、経営理念は、社員と共有できて初めてその役割を果たすことができます。社長自身が本気で目指したいものであり、それを社員に自分の言葉で伝えられることが絶対条件です。

経営理念では、自社の社会への貢献を明らかにします。社員の仕事に対するやりがいを与え、社員に誇りを持たせます。社会への貢献には大きく３つがあります（図表６参照）。

■顧客に対する貢献

まずは、自社の顧客に対してどんな価値を提供するのかを考えます。そして、その価値によって顧客にどのような満足を与えるのかも併せて考えてみてください。

■地域に対する貢献

次に、地域社会に対してどんな価値を提供するのかを考えます。一般的には雇用や納税、さらに最近では環境への配慮や地域の活性化などもあるでしょう。

■社員に対する貢献

伊那食品工業の例のように、社員にとってどういった会社でありたいのかを考えましょう。

経営理念は、現在実現している、あるいは即座に実現しなければならないというものではありません。永遠に目指し続けるというもので構わないのです。ただ大事なのは、経営理念は、会社の存在意義であると同時に、会社の憲法です。判断に迷ったときの最終的な拠り所です。ですから、経営理念に反する意思決定はあってはなりませんし、そのようなことがあったとたん、経営理念は形がい化します。

繰り返しますが、重要なことは、まず社長ご自身が本心からこういう会社にしたいと思える内容であることが不可欠です。また、社員が共有しやすくするために、できるだけ簡潔なものにします。

【壁を突破する秘訣　その4】

社員が共感し、共有できる経営理念を確立する。

3　経営ビジョンと実現のシナリオを描く

現状を把握する

経営理念が確認されたら、次に、将来実現すべき具体的なビジョンを描きます。ビジョンは、具体的である必要があります。年限は、一般に3～5年先と言いましたが、経験的には3年が適当でしょう。5年より3年のほうが、より具体的にイメージしやすいですし、3年あれば大抵のことはできるからです。

実は、ビジョンをつくる前に、もう1つやっておかなければならないことがあります。それは、「現状を押さえる」ということです。ビジョンはゴールです。しかし、自分が今どこにいるのかわからなければゴールに至る道筋はわかりません。そのゴールが実現可能なのかさえわかりません。ビジョンは、実際に到達しようとする将来像ですから、実現可能（と思えるもの）である必要があります。ですから、出発点となる、現状を押さえる必要があるのです。現状の「見える化」です。その上でビジョンに至る道筋、つまりシナリオを示してこそ、社員は、「3年間、皆で力を合わせれば行けるかもしれない」と思えます。

現状は、自社内部（これを内部環境といいます）と自社を取り巻く外部環境を押さえます。まず、内部環境ですが、これは可能な限り数字で把握します。数字は明確だからです。ところが、

【図表７　ビジョン、現状、シナリオの関係】

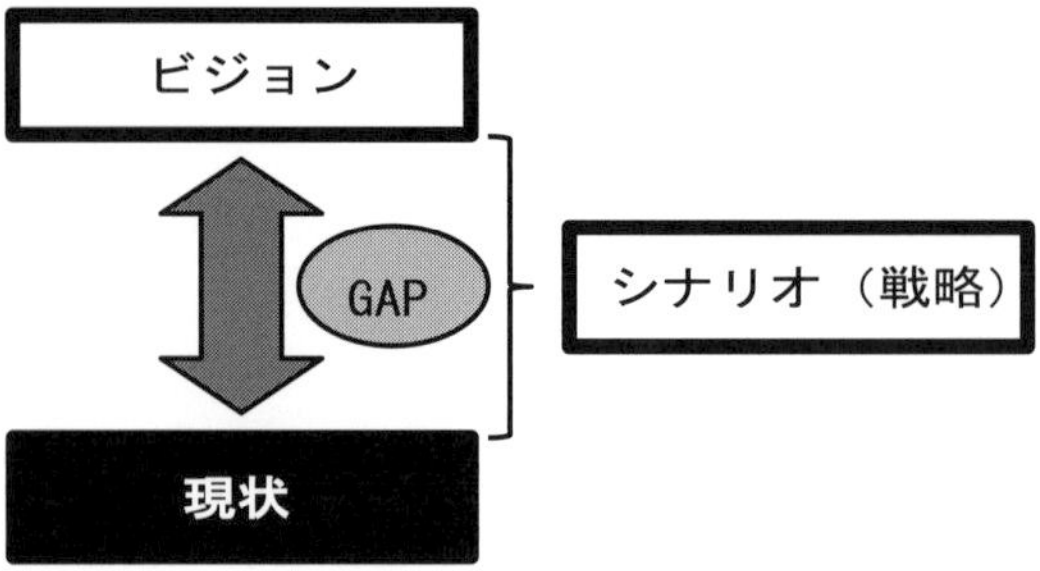

多くの中小企業は、数字で現状を押さえるのが苦手です。これも中小企業が伸びる上での壁の１つです。しかし、適切なビジョンを描く上で、新たなステージに立つ上で避けては通れません。

基本的なデータは社内に蓄積されているはずです。多少手間はかかるかも知れませんが、決して難しくはありません。多くの改善のヒントを提供してくれます。適切なビジョンをつくる上で最低限のところを押さえましょう。

具体的に必要なデータは、どこまで精緻に把握するかにもよりますが、まず売上と粗利益、営業利益、経常利益は必須です。これを最低3年分、できれば5年分、全社の他、顧客別、商品別、月別に押さえます。次に、販管費総額の他、人件費等の主要な経費をこれも3〜5年分把握します。社員数の推移もあったほうがよいでしょう。

細かくいえば欲しいデータはまだありますが、まずビジョンを描くために自社の立ち位置を把握する上で、最低限これらのデータがあれば検討できます。これらのデータを見ながら、どの数字を上げれば、業績がどの程度上げられるのか、その可能性を見つけ出すのです。

ここで大事なことは、データの水準もそうですが、むしろ傾向で

【図表８　３Ｃ分析】

領域	具体例
市場・顧客	市場規模伸び率、新規参入／撤退、業績動向、戦略、投資
競合他社	業績動向、戦略、投資
自社	（割愛）

す。つまり、「過去5年こういう傾向を示しているから、このままいくと将来こうなるはずだ」ということを予測するのです。同時に、顧客別、商品別、月別の売上や粗利益のデータから、「ここの数字を改善すれば、業績はこの程度上がるはずだ」と、改善の可能性を考えます。これがビジョン実現のシナリオを考える際の材料になります。

内部環境の次は、外部環境を分析します。「大局的視点」で、自社が置かれている経営環境を「見える化」するのです。このことで、自社の今後の成長に活かせる機会や、自社に悪影響を与えかねない脅威を把握し、実現可能なビジョン策定や、実現にいたるシナリオを考える材料を見つけます。

教科書的には、精緻な分析が求められますが、まずはできる範囲で取り組みます。ただし、最低限、３Ｃ分析とＰＥＳＴ分析はやってください。いずれも外部環境を分析する際の代表的かつ古典的な分析手法です。

■３Ｃ分析

市場・顧客（Ｃｕｓｔｏｍｅｒ）、競合他社（Ｃｏｍｐｅｔｉｔｏｒ）、自社（Ｃｏｍｐａｎｙ）の3つの視点で、それぞれの動向を把握します。

3つの視点の英語の頭文字をとって3Ｃ分析と呼ばれています（図表8参照）。

【図表９　ＰＥＳＴ分析】

領域	具体例
政治動向 (Politics)	消費増税、米中貿易摩擦、日韓問題、規制、税制、補助金制度、医療制度、雇用制度、年金制度、環境政策
経済動向 (Economics)	景気、投資、GDP成長率、消費動向、賃金水準、投資、金利、株価、為替、失業率
社会動向 (Society)	少子高齢化、過疎化、インバウンド、オリンピック、コンプライアンス、ワークライフバランス、健康志向
技術動向 (Technology)	AI、IoT、5G、ロボット技術、医療技術、素材技術

これは、直接自社にかかわるミクロ環境の分析です。自社については、すでに把握しているので、市場・顧客と主要な競合他社の動向を整理し、自社の機会や脅威を把握します。

■ＰＥＳＴ分析

政治（Politics）、経済（Economy）、社会（Society）、技術（Technology）の4つの領域における世の中の動きを整理します（図表9参照）。

一般に、マクロ環境分析といわれるものの代表的な手法です。自社が属している業界を超えて、広く世の中の動向を整理し、自社や業界に対する機会や脅威を把握するものです。まさに「大局的視点」です。

これらの分析を行うことで、自社が成長するために必要な方向性を見つけることができます。

ビジョンを掲げる

内部環境と外部環境が把握できたら、いよいよ3年後に実現しようとするビジョンを検討します。

【図表10　よいビジョンの条件】

魅力的である

わかりやすい

チャレンジャブルである

合理的である

このビジョンが、計画に示された数値目標に意味を与えます。ビジョンは、経営理念の実現に向けたより具体的な到達点です。「社員のベクトルを合わせる」という言葉を聞きますが、そのベクトルの先にあるものがビジョンです。真に全社員が実現したいビジョンに個々の社員の行動が向いている状態です。

ビジョンをつくる際には、現状把握の結果を参考にしますが、最初はあまり現状に引きずられることなく、「このぐらいのことにチャレンジしたい」というものを設定しましょう。具体的な実現可能性は、シナリオ策定で検討し、必要があれば見直せばよいのです。

なお、ビジョンとは到達点であり、そのときの「状態」を言います。ビジョンを表現する際よく間違うのが、表現が「取組み」になっていることです。たとえば、「人材を育成する」というのは、取組みであってビジョンではありません。人材を育成した結果、「全社員が、役割に応じたスキルを備えている」というのがビジョンです。状態として表現することで、その状態がよりイメージしやすくなるのです。

ビジョンに正解はありませんが、社員が実現したいと思えるためには次の４つの条件が必要です（図表10参照）。

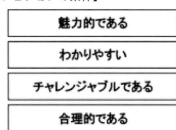

■**魅力的であること**

社員が、皆とともに実現したいと思うためには、魅力的で夢があることが絶対条件です。

■**わかりやすいこと**

社員がわかりやすく理解でき、実現したときの状態がイメージできる表現にします。

■**チャレンジャブルであること**

「皆で頑張れば何とか手が届く」レベルが、社員にとってのモチベーションになります。

■**合理的であること**

いくら魅力的で、チャレンジャブルであっても、ビジョンに到達する道筋が描けなければ、社員のベクトルを合わせることはできません。ビジョンへの道筋、すなわちシナリオが必要です。

なお、ビジョンは、社員の心に残るよう、なるべく1文で示しましょう。より具体的な内容は、補足説明にします。ビジョンの例を示します。

●株式公開企業の実現
●△△地域Ｎｏ１の会社
●社員が活き活きと働き、成長する会社

ただし、これらのビジョンには、もう1つ欠けているものがあります。それは「合理的である」ということです。その合理性を確保するために必要なのが、次項に示す「シナリオ」です。

シナリオを描く

ビジョンとシナリオはセットです。シナリオは、ビジョンに合理性を与えます。ビジョンというゴールにたどり着くための道筋を示すのがシナリオです。いつまでに、何に取り組んでビジョンを実現するのかを、具体的に社員に示します。もちろん、将来のことに絶対はありませんが、「3年間でこういうことに取り組んでいけば、ビジョンが実現できるはずだ」と言えるものを社員に示すのです。

シナリオを考える際は、現状把握で整理した内部および外部環境を材料に、様々な視点から検討し、改善の余地を大胆に探ります。紙面の関係で詳細は省きますが、たとえば、自社の現状では、顧客別、商品別、月別に見た売上や粗利益の水準および傾向を見て、次のような分析を行います。

●売上／粗利益が伸びている顧客と縮小している顧客
●売上／粗利益が伸びている商品と縮小している商品
●月別の繁閑

これらをもとに、伸びている顧客に対しては、さらによい関係を構築して売上拡大を図ることが可能と考えられます。また、その顧客と同じ業界の、他社への新規開拓も考えられます。他方、減少している顧客に対しては、その原因と対策を検討することにより、今後の回復の可能性を見極めます。

商品についても、同様に、伸びている商品に対しては、他の顧客や新規顧客への販売による拡大

【図表11　アンゾフの成長マトリクス】

を見込みます。縮小している商品は、やはり原因と対策を検討し、回復の可能性を探ります。月別の繁閑では、落ち込んでいる時期の原因を明らかにした上で、増収／増益策を検討します。

シナリオを描く際に参考となるのが、イゴール・アンゾフという経営学者が考えた「成長マトリクス」です（図表11参照）。これは、会社が成長するための基本的な方向性を、市場と商品の組合せで示すものです。

現状の市場、商品で販売拡大を示す「市場浸透」、現状の商品を新しい市場に販売する「市場開拓」、現状の市場に新しい商品を投入する「新商品開発」、新しい市場を新しい商品で進出する「多角化」の4つの方向性があるとしています。

基本的には、既存事業である「市場浸透」による成長の検討を優先し、将来を見据えて「市場開拓」や「新商品開発」を検討します。「多角化」は、市場、商品とも未知の世界ですから、既存事業が好調なときにのみ、選択の余地があります。

もう1つ、シナリオをつくる際に参考になる考え方をお伝

【図表12　シナリオの具体例】

事業の要素	シナリオの具体例
顧客（誰に）	・新規顧客開拓 ・顧客深耕 ・顧客選別
商品・サービス（何を）	・新商品開発・改良 ・商品構成見直し ・単価改定
業務プロセス（どのように）	・組織再編・M&A ・拠点新設・見直し ・基幹業務再構築 ・経営管理体制強化

えします。シナリオでは、もちろん何に取り組んでいくのかを明確にすることが重要ですが、その取組みの結果、どういう仕組みの会社を創り上げるかということが大切です。つまり、「誰に、何を、どのように提供し、利益を上げるのか」ということです。

「誰に」は、顧客または市場です。「何を」は、商品またはサービス。「どのように」は、原材料の調達から顧客に提供するまでの仕組みです。

この３つの事業の要素のいずれかに強みがあれば、会社は成長します。これらを明らかにすることによって、ビジョン実現のシナリオが明確になります。

図表12にシナリオの具体例をあげておきます。これがすべてというわけではないでしょうが、概ね取り組むべきシナリオはあげられているのではないでしょうか。なお、これはシナリオの項目です。さらに落とし込んで具体的な手段まで考えておくことが必要です。

こうした分析の結果、どうしてもビジョンを実現するシナリオが描けなければ、ビジョンを見直します。

中期経営計画にまとめる

最後に、ここまでの取組みを中期経営計画としてまとめ、全社員と共有します。大きなビジョンと具体的なシナリオを示すことで、社員の共感が得やすくなります。ここで大切なことは、経営理念、ビジョンおよびシナリオをストーリーにまとめるということです。映画を見ているうち、気がつけば夢中になって手に汗握ったり、涙したりする経験があると思います。それは、ストーリーがあるからです。

これまで検討してきたことを、新たな成長ステージに立つためのストーリーとしてまとめることで、社員の共感が得やすくなります。中期経営計画には、次の項目を盛り込みます。

■目的・背景

なぜ、この計画を実行しなければならないのかということです。自社の存在意義である経営理念の追求のために、克服しなければならない課題を明示します。

■ビジョンおよび目標

3年後のビジョンと、それを具体的な数字に落とした売上、利益などの経営目標を示します。

■目標達成のための課題と戦略

どのようにビジョン、目標を達成するのかの具体的なシナリオをまとめます。

■マスタープラン

マスタープランとは、３年間の大まかなスケジュールです。シナリオを一段落とした具体的な施策と、施策ごとの実施期間および責任者を明示します。

■業績計画

必須とは言いませんが、決算書は経営の成績表です。３年後に実現している予想貸借対照表と予想損益計算書をまとめます。

以上が計画の具体的内容です。検討結果も含めてまとめるとなると、場合によっては１００ページを超えることもあります。小説ならば２００ページでも読んでもらえますが、さすがに中期経営計画は読んではもらえません。5ページ程度の概要版を作成し、それを全社員に説明した上で配付します。最初からうまくいくことはありません。まず、できる範囲でやってみることが重要です。次ページに、中期経営計画書の内容例（図表13参照）を示しますので参考にしてください。

【壁を突破する秘訣　その５】

現状を踏まえた実現可能なビジョンを掲げる。

【壁を突破する秘訣　その６】

ビジョンを実現するための、具体的なシナリオを描く。

【壁を突破する秘訣　その７】

ビジョン、シナリオを中期計画にまとめ、社員と共有する。

【図表 13　中期経営計画書（例）】

＜目次＞

1．現状と背景
① 当社の経営理念
② 外部環境
③ 現状の課題

2．中期経営ビジョンおよび目標
① ３年後のわが社の姿
② 中期経営目標

3．目標達成のための課題と戦略
① 経営課題
② 課題解決の方策
③ 部門別目標

4．マスタープラン
① 部門別施策
② 施策別実行計画

5．業績計画
① 予想貸借対照表
② 予想損益計算書
③ 予想キャッシュフロー計算書

6．ビジョンの実現に向けて

4　中期経営計画を実行する

ＰＤＣＡサイクルを回す

新たなステージに向けていよいよ実行ですが、その前に「マネジメント」について触れておきます。「マネジメント」という言葉は、それこそ経営の現場では日常的に使われていますが、どうも具体的に何をすることがマネジメントなのかが、本来マネジメントをする立場である社長や役員、管理職でもあいまいなように感じます。マネジメントの中身があいまいでは、当然マネジメントはできません。マネジメントの定義は、いろいろな経営学者が説明していますが、私自身もう1つピンとこないものが多いというのが実感です。私自身、かつてあいまいなまま使っていたことを反省しつつ、いろいろ考えた結果、今では、「マネジメントとはＰＤＣＡサイクルを回すことである」と考えています。ＰＤＣＡサイクルは、別名マネジメントサイクルとも呼ばれますから、あながち間違ってはいないでしょう。少なくともマネジメントの主要な部分を占めていることは確かです。

ＰＤＣＡサイクルは、多くのビジネス書で紹介されているので、ご存じの方も多いと思います。しかし、実際にＰＤＣＡサイクルをうまく活用している会社は、必ずしも多くはないと思います。

ＰＤＣＡサイクルは、最も効率的に目的・目標を実現する仕事の進め方の鉄則です。目標を達成するための計画（Ｐｌａｎ）を立て、計画通りに実行し（Ｄｏ）、計画と実行結果の差異をチェッ

【図表14　ＰＤＣＡサイクル】

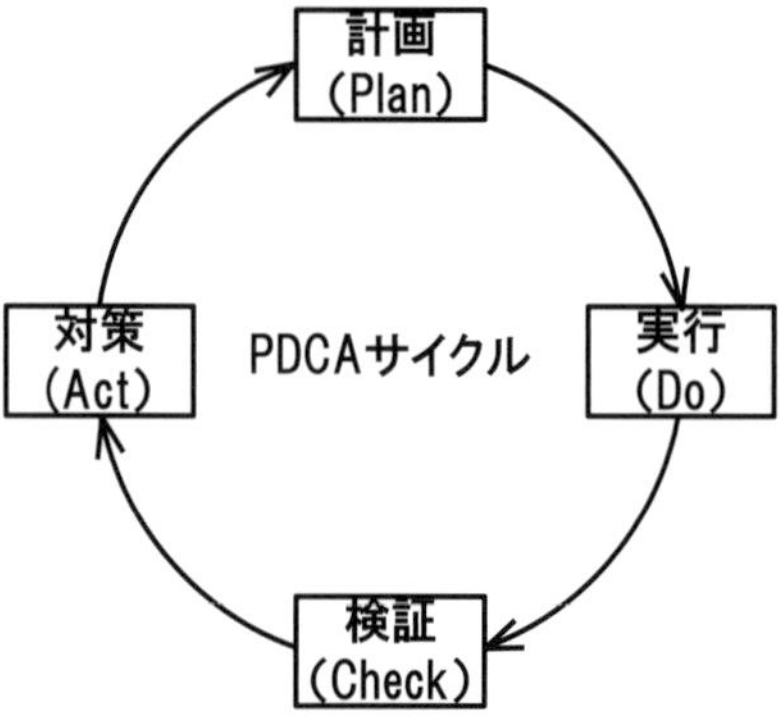

クして（Ｃｈｅｃｋ）、その差異を埋める対策を立案し、再実行（Ａｃｔ）するという、一連の活動です（図表14参照）。

ＰＤＣＡサイクルは、うまく使えばこんなに役に立つ考え方はないと思います。決して大げさではなく、「ＰＤＣＡサイクルを制する者が仕事を制す」です。

ＰＤＣＡサイクルを徹底して繰り返すことによって、目標達成が可能になります。

しかし、この徹底が難しいことは、皆さんもご存じだと思います。そこで、ＰＤＣＡサイクルを徹底させるポイントをお伝えします。

目的・目標を実現する上ではどのステップも重要ですが、「段取り八分」という言葉もあるように、計画は特に重要です。考えてみれば当然ですが、いくら計画どおりに実行しても、いくら厳格に検証しても、大元にある計画がいいかげんなものであれば、目的・目標を達成することはできません。したがって、ＰＤＣＡサイクルを徹底するためには、まずは「よい計画」を立てることが大前提となります。

【図表15　よい計画の条件】

目的・背景（Why）	何のためにやるのか？
ビジョン・目標（What）	何を実現するのか？
期限（When）	いつまでに実現するのか？
責任者（Who）	誰がやるのか？
対象領域（Where）	どこでやるのか？
施策（How）	どうやって実現するのか？
投資対効果（How Much）	いくらの投資でいくら利益を得るのか？

よい計画

では、「よい計画」とはどのようなものでしょうか。様々な説明が可能ですが、1つに「5W2Hが明確である」ことと捉えることができます。「明確」とは、誰が見ても同様に解釈できることです。

5W2Hとは、具体的には図表15の7項目ですが、この7項目を明確にすることは、社員の疑問に明確に答えることを意味します。

これらの項目はすべて重要ですが、目的と目標は、他の項目の前提として、最も重要です。目標が困難であればあるほど、実行過程で様々な障害が生じます。こうした障害を乗り越えるためには、メンバーが共感できる目的が必要です。

目標の役割は2つあります。第1に、メンバーの一体感の醸成です。そして、第2に作業を明確化できることです。

同じ山に登るにも、近くの山にハイキングで登るのと、世界最高峰のエベレストに登るのとでは、費用や装備、トレーニング、達成期間、登山技術など、あらゆる面でやるべき準備が異なります。目標を明確にすることで、初めてやるべきことを明確にできます。目的が目標を決め、目標がその他の5つの項目を決めます。

また、目標が目標としての役割を果たすためには、3つの条件を満たす必要があります。

第1は、実現可能な目標です。どうすれば実現できるのかイメージできない目標では、社員は動けません。実現可能か判断するために現状分析が必要です。残業を削減したいのなら、現状どの程度の残業が発生しているのか、社員ごとの偏りはどうなっているのか、そもそもなぜ残業が発生しているのかを押さえる必要があります。

第2に、ストレッチ目標である必要があります。ストレッチ目標とは、社員全員が頑張ったらできそうだと思える水準です。こうした目標が、最も社員のモチベーションにつながります。

第3に、目標は達成度が客観的に評価できる、具体的なものでなければなりません。その意味で数値目標がベストですが、すべての目標が数値化できるわけではありません。たとえば「情報共有」や「人事制度確立」は、いずれも重要な目標項目と言えますが、数値化は困難です。このような場合には、到達した状態をできるだけ具体的に表現します。「情報共有化」であれば、「進捗状況の共有のための週次ミーティングを開催し、議事録が配布されている」、あるいは「共有すべき情報が明確にされ、イントラネットに最新情報が掲載されている」などとします。ちなみにこうした目標のことを「状態目標」と言います。このことで達成度を客観的に評価することができますし、具体的にやるべきことも明確になります。

【図表16　単年度計画への落とし込み】

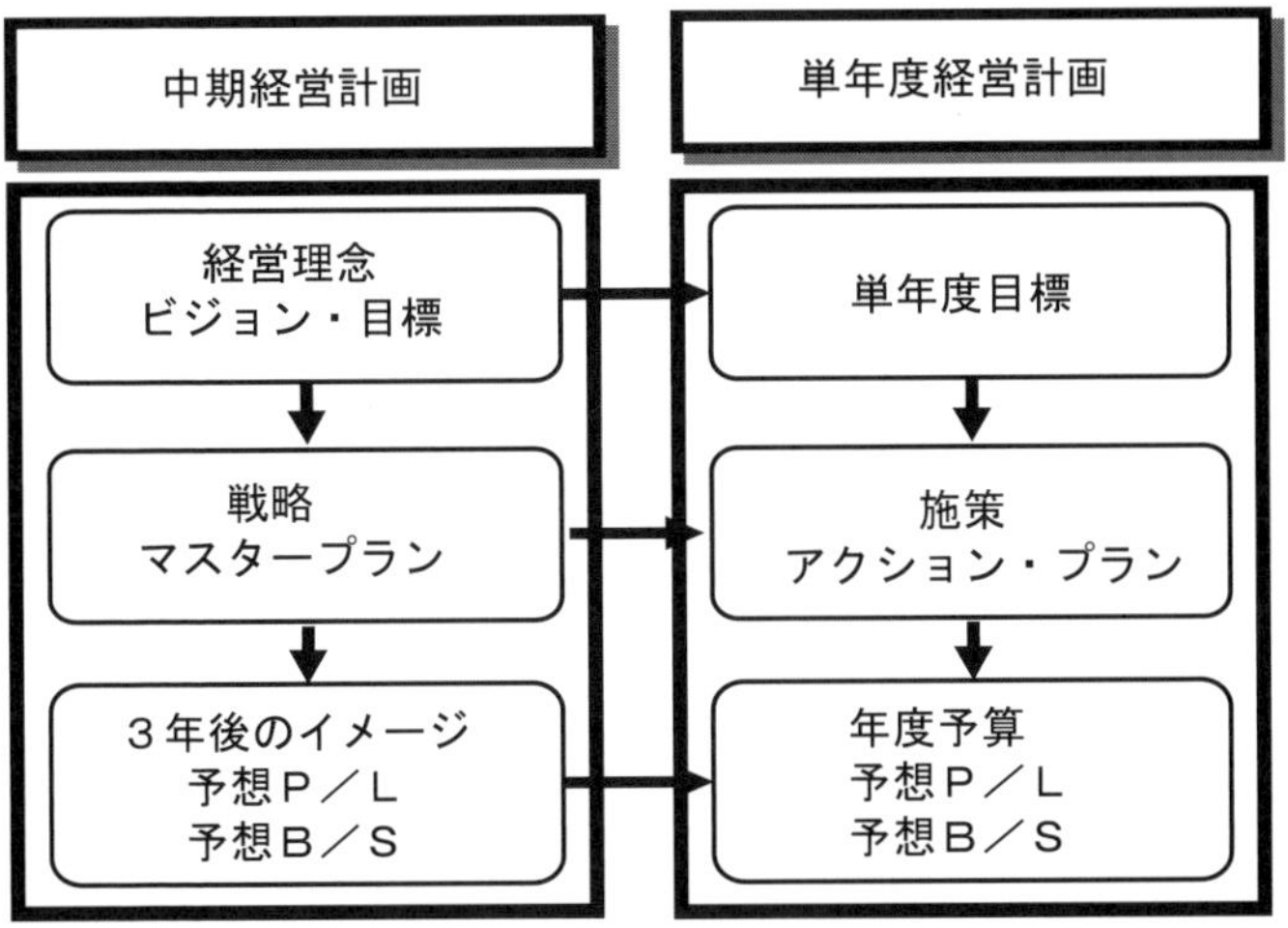

年度計画に落とし込む

中期経営計画をもとに、初年度の単年度計画に落とし込みます（図表16参照）。中期経営計画の初年度は、この計画に基づいて運営します。単年度計画は、中期経営計画をより具体的にするイメージです。また、単年度目標は、中期ビジョン・目標達成のマイルストーンです。

当然ながら、単年度計画は中期経営計画と一定の整合性をとる必要があります。

単年度計画に落とし込む手順としては、まず中期経営計画でつくった複数のシナリオをについて、マスタープランに基づき、初年度にやるべきことを決定します。そして、シナリオごとの実行手順を具体化し、概ね月単位の行動計画を立てます。これをアクション・プランと言います。

スケジュールができたら、次に、初年度に実施する施策の効果を判断して、初年度の経営目標を

【図表17　損益予算（例）】

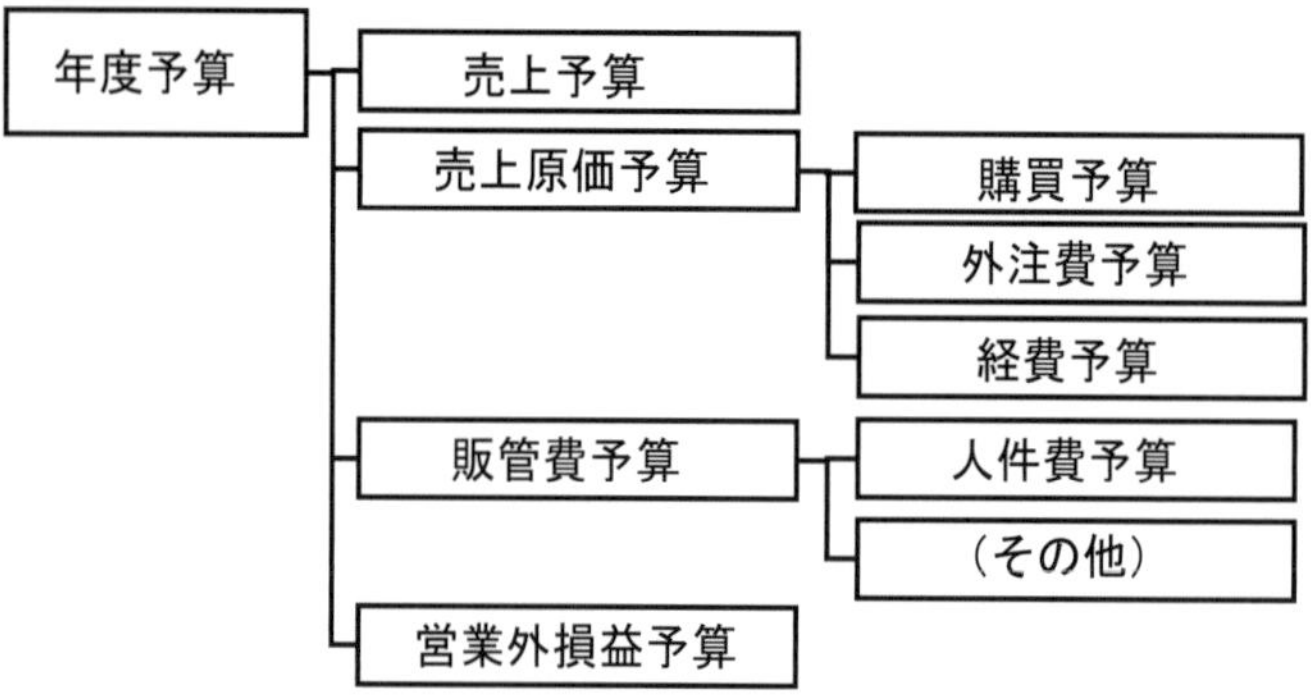

立てます。経営目標は、会社によって最も重視する指標を用いますが、少なくとも売上と経常利益は必須です。

次に、経営目標をもとに年度予算をつくります。予算には、損益予算、資金予算、投資予算がありますが、これも最初は損益予算だけでよいと思います（図表17参照）。売上、売上原価、販管費、それと営業外損益に対する予算をつくります。

予算作成の具体的な手順は別の専門書に譲りますが、さらにそれを季節の繁閑と施策の期待効果を織り込んで、月割りにします。ちなみに資金予算とは要するに資金繰りです。投資予算とは、損益予算に現れない設備投資の予算です。

これで初年度の計画ができました。中期経営計画と整合性をとるといいましたが、厳密に整合性をとるのには限界があります。少し乱暴ですが、概ねこんな感じだろうということで構いません。最初から完全なものをつくるよりも、継続していく中で精度をあげていけばよいのです。

この月割りにした予算と、シナリオごとのアクション・プランにより、進捗を管理します。

計画を実行する

実行は、計画で決められたアクション・プランを実行することに尽きますが、重要なポイントが2つあります。

第1に、新しい成果を目指すわけですから、社員はこれまでの日々の行動を新しい行動に見直す必要があります（図表18参照）。目標が達成できない原因の1つが、この行動が変えられないことです。一般に、人はこれまでの考え方や仕事のやり方を変えることに抵抗を感じます。今までやってきたことをやっていれば、結果はある程度予想できますが、新しいことに取り組むことは、結果が予想しづらいこともありますし、そもそも慣れないことはやりたくないからです。

だからこそ、中期経営計画を共有する必要があるのです。よりよい会社にするために、新たな行動が必要であることを認識させることで、新たな行動にチャレンジする必要性を自覚させるのです。

第2に、社員が、計画で意図されたとおりに実行していることを確認することです。成果を上げるための具体的な行動は、現場の第一線に立つ一般社員によって行われます。したがって、管理職が部下の行動をマネジメントする必要があります。つまり、部下に計画の内容を理解させ、計画で意図されたとおりに実行し、成果を上げてもらうために、的確な業務指示と報連相が必要です。

仕事の指示でよく見られるのが、具体的な作業内容と手順、期限を指示して終わりというケースです。ベテラン社員であれば、それでも事は足りるかも知れませんが、仕事において本来重要なのは、その仕事の目的と全体の位置づけです。

【図表18　仕事のやり方を見直す】

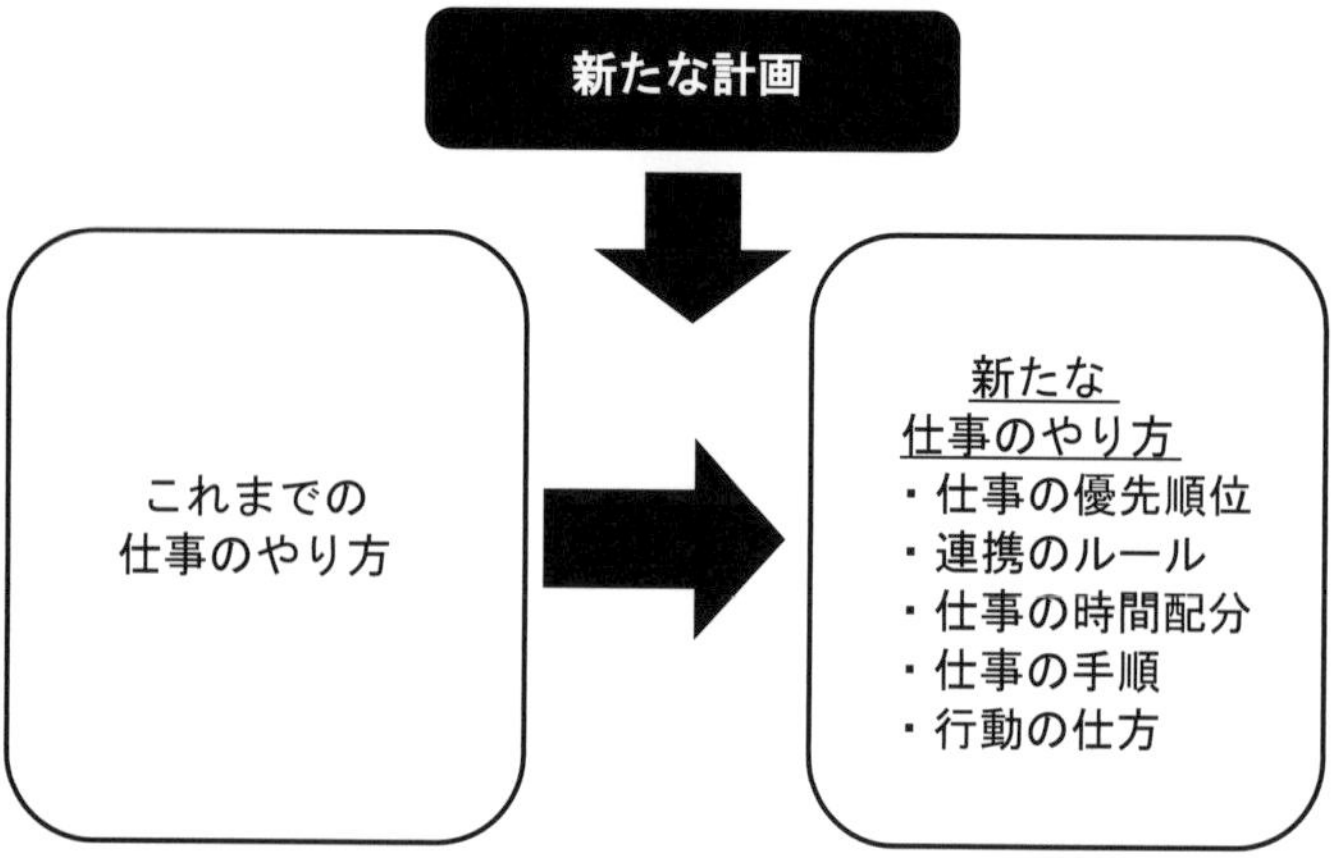

目的については、何度も述べているとおりですが、指示した仕事が一連の流れの中のどの部分に位置づけられるのか、その仕事の結果がどう活用されるのかを理解させることが必要です。目的と全体の位置づけを理解することにより、部下ははじめて自身で工夫することが可能になり、意欲的に仕事に取り組むことができます。

また、指示が確実に伝わっていることを確認することも重要です。「伝えることと伝わることは違う」と言いますが、伝えたつもりでも伝わっていなかったという経験は皆さんもお持ちだと思います。意図したとおり伝わっていないと、お互いよけいな仕事を増やす結果になります。なお、部下の行動をマネジメントする手法に目標管理がありますが、これは第3章で説明します。

当然ですが、指示した業務については任せきりにするのではなく、定期的に進捗報告を受け、全社目標が達成できるように必要な対策を指示します、相談しやすい雰囲気をつくることも重要です。

計画の進捗を管理する

目標を実現する上で、計画が重要であることは前述のとおりですが、目標が達成できないもう１つの大きな原因が検証です。検証が適当で対策が中途半端なものになったり、ひどいケースでは検証自体行われなかったりということもあります。「やりっぱなし」の状態です。

そもそも、計画をいくら精緻につくっても、やはり机上の限界があります。計画どおりにいかなくて当然です。ですから、実行結果を計画とこまめに比較し、計画どおりか否かをチェックして、必要に応じて行動を修正する必要があるのです。

ここで、多くの人が勘違いしていることをお伝えします。進捗管理において結果の検証は当然行わなければいけませんが、多くの人が、これでＰＤＣＡサイクルを回しているつもりになっています。しかし、結果は行動からしか生まれません。「行動のみが成果を生む」のです。したがって、検証は行動レベルで行う必要があります。そのために、計画段階でしっかりしたスケジュールをつくっておく必要があるのです。私がかかわった中で、行動レベルの進捗管理ができていた会社は、ほとんどありませんでした。

まず、結果は、計画どおりなのか予算などと比較し確認します。計画を達成しているのであれば、それが計画した行動の結果なのか、偶然なのかも検討します。また、結果が未達であれば、計画していた行動がとられていたのか否かを確認します。それによってとるべき対策は変わってきます。行動の仕方が悪かったのであれば、改めて行動の仕方を見直して再実行します。そうでなければ、他の行動を検討します。また、計画した行動が実行されていないのであれば、その理由を確認し対策をとります。あるいは、計画そのものに無理があったのかもしれません。安易な計画変更は好ましくありませんが、達成が困難であることが明らかである場合には、計画そのものの見直しを検討します。

こうしたことを検討するのが、本来の進捗管理です。これに徹底的にこだわることによって、はじめて目標達成の可能性が高まるとともに、担当者や組織のレベルアップにつながるのです。

以上が、計画性の壁を突破する秘訣です。いきなり完璧を目指すのではなく、まずはできることを徹底的にやることです。こういう言い方は適切ではないかも知れませんが、最初から目標達成はできなくてもよいのです。それでも真剣にやったことは、必ず経験、財産として残ります。確実に新たなステージに立つための体質強化につながってくるのです。

【壁を突破する秘訣　その８】

中期経営計画と連動した年度計画をつくる。

【壁を突破する秘訣　その９】

新たな行動をとるために、仕事のやり方を見直す。

【壁を突破する秘訣　その10】

計画の内容に基づいた指示と報連相を徹底させる。

【壁を突破する秘訣　その11】

進捗管理は結果とともに行動の進捗を確認し、対策を打つ。

第3章　管理職の意識の壁と突破する秘訣とは

1　「管理職の意識の壁」の正体

スパン・オブ・コントロール

「スパン・オブ・コントロール」という言葉があります。1人の人間が直接管理できる部下の人数を示す言葉です。業務内容や部下の教育レベル、社内システムの整備状況などによっても変わりますが、一般には5～7人と言われています。本章では、2つ目の壁である管理職の意識の壁を突破する秘訣を考えます。最初に、このスパン・オブ・コントロールが、皆さんの会社のさらなる成長の壁になっていることを見てみましょう。

次は、ある架空の会社が創業後、成長していく過程において、やがて壁に突き当たるまでの過程を1例として描いています。皆さんの会社の成長過程とは異なるかも知れませんが、1つの例として読み進めてみてください。

「A社長は、大きな希望と一抹の不安を持って、一念発起、1人でX社を起ち上げました。当初は、営業から商品の仕入や納品、さらには伝票処理や資金繰りまで、ありとあらゆる仕事を、社長1人の手で回していました。

努力の甲斐あって、事業が少しずつ軌道に乗ってくると、人手が足りず、1人、もう1人と実務をこなす社員を採用していきました。そうなると新たに社員を束ねる『管理』という業務が必要になってきました。会社は順調に業績を伸ばしていきましたが、社員が10人を超えた頃から、A社長は多忙を極め、徐々に『管理』にまで手が回らないようになってきました。社員とのコミュニケーションにも時間がとれず、連絡ミス、漏れによる納期遅れや納品ミス、欠品など、効率の悪さが目立つようになりました。

A社長は、このままでは自身の体が持たないと思い、社員の中からこれといった人材に自分の仕事の一部を任せたいと思うようになりましたが、残念ながらどこを見回しても、自分の仕事を任せられる人材が見当たりません。結局、社長自身が、これまでどおりすべてに目を光らせなければならず、やむを得ず、せっかくの受注を断ったりしながら、何とか現状を維持せざるを得ませんでした」。

皆さんの会社の成長過程とは異なるかも知れませんが、ご自身が社長になられてからこれまでのことを振り返る中で、思い当たることもあるのではないでしょうか。

中小企業には、社長が様々な意思決定を行う一方で、実務も抱えているケースが多く見られます。そして、社長の仕事が管理の限界を超えると、組織内で様々な問題が発生し、その対処に時間が割かれ、新たな成長のための余力を失います。これがスパン・オブ・コントロールの壁です。

ある程度会社が大きくなってくると、社員の意識や行動をコントロールする必要が出てきます。そのための仕組みの代表が、第2章で見てきた、経営理念やビジョン、計画です。そして、それを最終的に決めるのは社長以外にありません。

会社が大きくなるために、まずは社長が抱えている管理の一部を任せられる社員、つまり「管理職」が必要になります。この管理職を育てることが新たな成長には不可欠です。

当事者意識の薄い管理職

それでは、再びX社のその後を見ていきましょう。

「しばらくは、受注を抑えながら現状を維持してきたX社ですが、そうはいっても、このままでは会社は大きくできません。やむなく物足りなさはあるものの、社員の中から、B氏に管理業務をさせることにしました。B氏は、営業職として採用されましたが、これといった成績を上げることもなかったため、管理業務に移しても大きな影響はないと判断しました。B氏は、まじめな性格で、与えられた事務作業は社長の指示のもとで何とかこなせるようになりました。十分とはいえないまでも、これまで社長が1人でやってきた管理業務の一部を社員に肩代わりすることができたことにより、さらに会社を伸ばすことができました。そのうち、営業の中からC氏がその能力を発揮して成績を伸ばすようになってきました。社長は、それまで営業にも深くかかわっていましたが、営業課をつくり、C氏を管理職として課長に昇進させました。その際、バランスを考えて、年次の古いB氏も管理課を設けて課長に据えることにしました。そしてこの2人の給料もアップさせました。

しかし、C氏は管理職になっても、自身の成果を上げることにばかり力を入れ、営業課のマネジメントには無頓着でした。そのうち営業課員からは不満が出るようになり、会社の売上は少しずつ落ちていきました」。

いくら現場で優秀な成績を修めていたとしても、管理業務には現場とは異なる能力が必要です。プレイングマネジャーと呼ばれる管理職が当たり前になる中で、やむを得ない面があるかも知れませんが、管理職のメインの役割は、文字どおり管理業務、つまりマネジメントです。ところが、中小企業の管理職の中には、社長から指示された報告書や実績の集計資料の作成だけを管理業務と思い込み、時間の大半を自身の作業に費やしているケースが見られます。極端な場合、よくわからないマネジメントから逃れ、無意識のうちに慣れ親しんだ仕事に逃げ込んでいるように思える管理職もいます。

コンサルティングでは、現状調査の一環で、管理職の方々にインタビューをさせていただきます。そのインタビューの最初に、相手のバックグラウンドを把握する意味で、入社以降の経歴を確認するのですが、その回答は大きく2つのパターンに分かれます。

まず、入社年や所属、昇進時期と仕事内容などをスラスラと説明いただけるパターンです。もう1つは、入社年月日や所属はともかく、昇進時期を明確に記憶していないパターンです。昇進して何が変わったかと聞いても、「何も変わっていませんよ。これまでどおりです」と、平然と言う管理職にもしばしば出会います。

要するに、管理職としての自身の役割が認識されていないのです。前述のお話にもあるように、中小企業では、明確な人事評価ではなく、特に営業など現場で実績を上げてきた社員や、長年働いてきた社員に報いるために、年功的に管理職に昇進させることもあるため、無理のないことかも知れません。

第2章でお伝えしたとおり、組織とは「共通の目的・目標の実現のために、複数の人が協働する仕組み」です。ところが、管理職が共通の目的・目標である会社の理念やビジョンが言えない、組織の1員として、自身の役割も言えないということでは、組織として成果を上げることはできないでしょう。

強い会社は管理職が元気

あらゆる組織において、様々な意思決定を行うトップの役割が最重要であることは言うまでもありませんが、組織が組織として一体で動くためには、管理職の役割が決定的に重要です。管理者こそが組織を動かす「要」であり、強い会社は、管理職が元気です。

共通の目的・目標の実現に向けて、複数の人が協働する仕組みをつくり上げるには、組織の中間に位置する管理職が自らの役割を果たさなければなりません。よく管理職は、トップと現場をつなぐ「パイプ役」と言われます。組織においては、このパイプ役の役割が必要です。

まず、社長が決めたビジョンや目標、計画を、現場に落とし込む役割があります。一方、経営層が適切なビジョンや目標、方針をつくるために、日々現場で生じている様々な状況や意見を適切に吸い上げ、社長や経営層に伝える役割があります。さらに、現場に近いレベルで部門間の情報を共

【図表19　管理職の位置づけ】

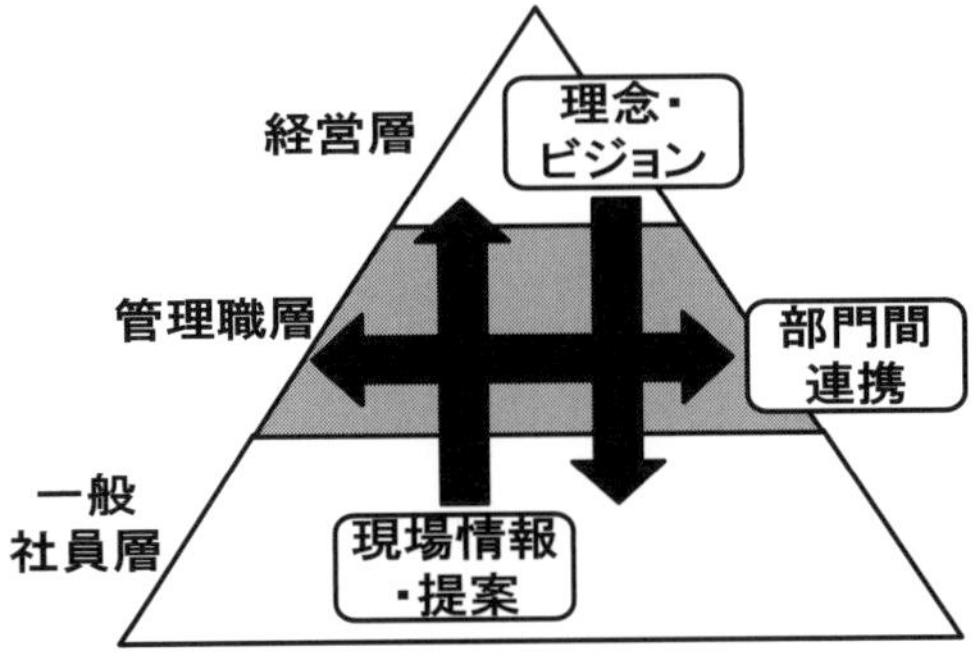

有し、部門間の活動を調整する役割も担っています。

会社は、経営理念やビジョンのもとで目標を掲げ、各部署・各階層で役割を分担しあって目標達成を目指す仕組みです。全社員が行動のベクトルを合わせ協働していく上で、様々な情報が円滑に流れ、共有されることが必要です。

これらの情報は、すべて管理職を経由して共有されます。第１章でも少し触れましたが、他の一般社員同様の意識で働いている管理職、あるいは自分の地位を守ることにしか興味のない管理職のもとでは、こうした情報がうまく流れなくなります。会社の理念やビジョンが一般社員に伝わらない、現場の情報が経営層に伝わらない、現場からの提案が放置される、他部署の状況がわからないといったことが起こります。

組織を流れる情報は、人間の神経に例えられます。人間は、神経の伝達が悪くなると様々な病気にかかり、最悪の場合死に至ります。組織も全く同じです。

一方、管理職が元気だとこうはなりません。トップの情報は現場の言葉に翻訳され、確実に一般社員に伝わります。また、現場からの提案もどんどん具体化されます。各部署で様々な情報が共有され、経営理念やビジョンに沿った判断が迅速に下されます。

もう1つ、管理職に元気がないと大きな問題が生じます。それは、若手社員のモチベーションを奪ってしまうことです。元気のない管理職を見て、一般社員が将来こうなりたいとは思わないでしょう。有能な社員は、見切りをつけ会社を去っていきます。それができない社員は、出世しないよう、辞めさせられないよう、ほどほどに仕事をするようになります。会社の将来が暗いことは言うまでもありません。

管理職の意識の壁を突破する

世の中には、自身の果たすべき役割を自覚し、その役割を果たそうと頑張っている管理職もたくさんおられます。その一方で、前述したような当事者意識に欠ける管理職もやはりたくさんいます。そして、そうした管理職が、会社の成長の壁になっているのです。どうすればこの管理職の壁を突破することができるのでしょうか。

管理職が管理職としての役割を果たせない理由は、3つに整理できます（図表20参照）。

1つ目は、そもそも管理職としての当事者意識が欠けていることです。管理職にいつなったのか覚えておらず、やっていることもこれまでと大差ないというパターンです。

2つ目は、自身、管理職として頑張りたいという意識はあるのですが、そもそも管理職というも

【図表 20　役割遂行の３条件】

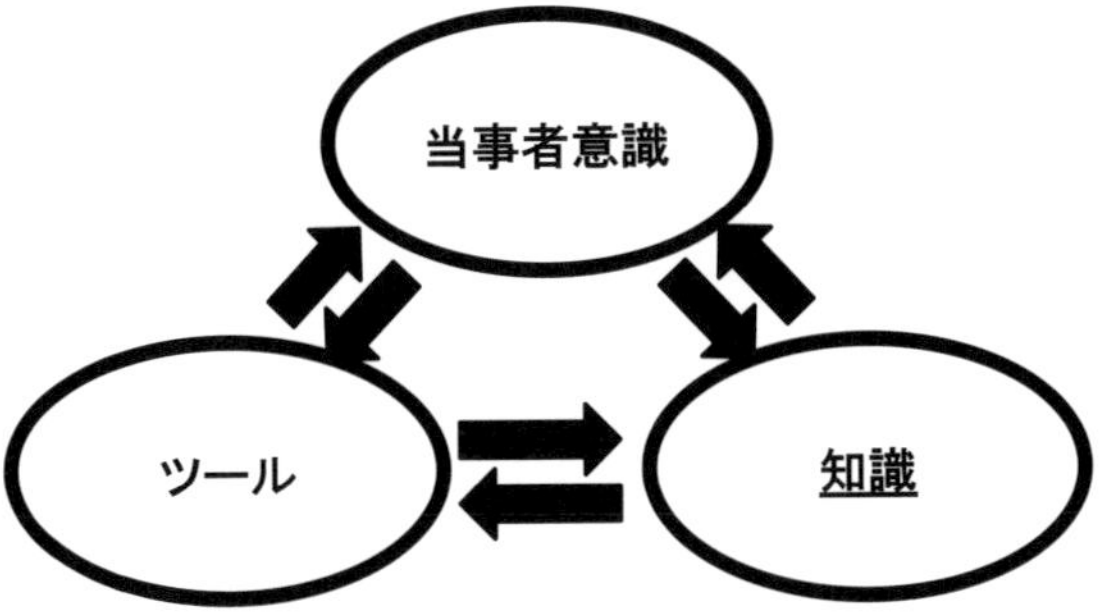

のがどんな役割を担っているのかも、その役割を果たすための知識もあやふやというパターンです。

そして3つ目は、当事者意識を持って頑張ろうという気持ちもあり、また管理職として必要な知識もあるのですが、その役割を果たすための環境が不十分なため、諦めているパターンです。管理職がその役割を果たすためには、まず判断に必要な情報が必要です。会社としての判断基準も必要です。さらに、職場を効率的に運営する仕組みも必要です。これらを提供する仕組みを、本書ではツールと言います。

ツールの第1には、何よりも第2章で解説した経営理念と、ビジョンを含む中期経営計画があります。また、中期経営計画を具体的に実行するためのＰＤＣＡサイクルもあります。ＰＤＣＡサイクルそのものは考え方ですが、計画を共有したり、適切に進捗管理を行ったりする仕組みが必要です。

あるいは、目標管理というツールがあります。これは経営学の神様といわれるピーター・ドラッカーが考案したマネジメント手法の1つです。目標管理とは、全社員のベクトルを合わせる上で極めて有効なツールで、多くの企業で人事評価制度の一部として運用されていますが、うまく使えている会社は多くはないように思います。

さらに、人事評価制度というツールがあります。これがなくては役割が果たせないとは言いませんが、評価や指導の観点が管理職によってバラバラだと、社員間に不公平感が生じ、モチベーションに影響します。小さな会社では、評価をすべて社長がやっているケースがありますが、本来は、日頃の仕事ぶりを常に見る立場にいる管理職が行うのが望ましいでしょう。目標管理制度や人事評価制度については、本章の他、第4章でも解説します。

当事者意識とともに、マネジメントの知識とツールがあれば、管理職は思う存分能力が発揮でき、会社を大きくすることができます。以下、管理職の壁を突破する具体的な方法を見ていきましょう。

2　管理職に役割とスキルを与える

管理職の4つの役割

管理職の意識の壁を突破する第1は、管理職が果たすべき役割を明確にし、管理職に示すことです。当然のことですが、自身の役割が不明確なまま、役割を果たすことはできません。多くの中小企業の管理職が、そもそも自身の役割を認識していないというのは前述のとおりです。

さて、「管理職の役割」の整理の仕方は様々考えられますが、本来管理職が果たすべき役割は、

【図表21　管理職の４つの役割】

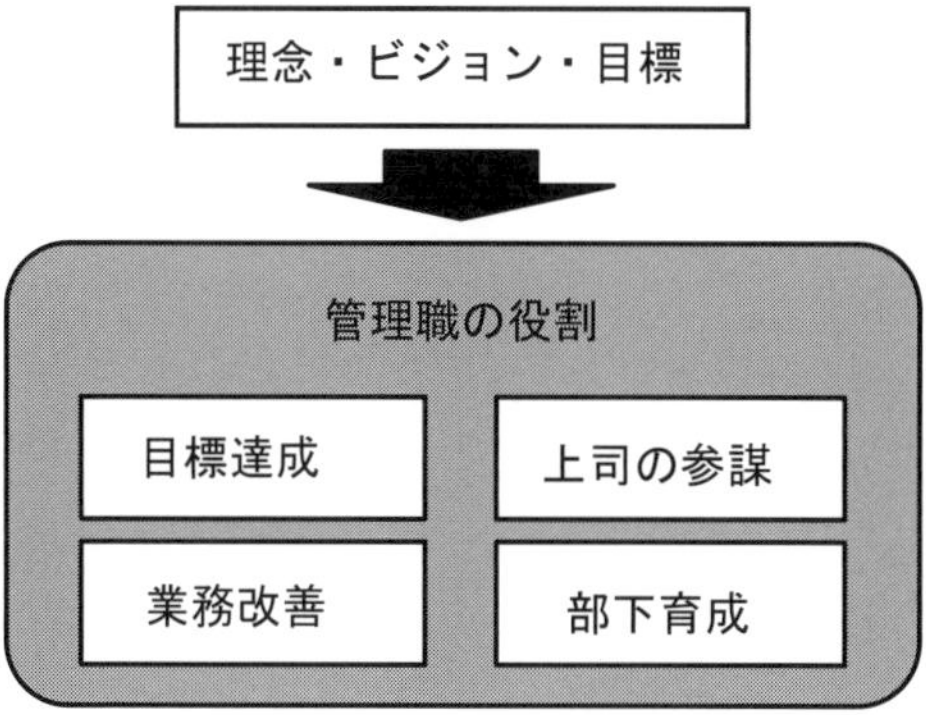

次の４つです（図表21参照）。

■目標達成

当たり前のことですが、組織目標を達成するために自部門に与えられた目標を達成することが第１に求められる役割です。自部署でＰＤＣＡサイクルを回し、部下を統率しながら自部署に与えられた目標を達成します。

■業務改善

意外と管理職に認識されていないのが、第２の役割である業務改善です。管理職は、与えられた目標達成に向けて業務を遂行するわけですが、その過程で「よりよい方法で達成する」という視点が必要です。

先述のドラッカーは、「これだけ経営を取り巻く環境が進歩する中で、従来どおりの仕事の仕方をしているということは、世の中から後退しているのと同じ」だと60年以上前に言っています。

■上司の参謀

３つ目の役割は、上司の参謀です。中小企業の場合、上司が社長である場合も多いでしょう。

求められれば自身の意見を述べる管理職はいますが、それを自身の「役割」として捉えている方はそう多くはないのではないでしょうか。しかし、上司を補佐し、参謀役を果たすことは、まぎれもない管理職の「役割」です。当然ながら上司といえども完全な存在ではありません。会社の目標を達成するために、上司の足らざるところを補うのは、部下としての責務だからです。

また、上司の参謀として仕事をするということは、将来自身が目指す立場で物事を考えることであり、自身の「大局的視点」を養うことにもつながります。

■部下育成

管理職の役割の最後は部下育成です。これが管理職の役割であることは、おそらくほとんどすべての管理職が認識しているところだと思います。ただ、その役割を果たしているかと問われると、これも多くの管理職がとたんにトーンダウンします。昨今の管理職は、自部署のマネジメントだけでなく、自らプレーヤーとしての役割を求められています。つい目先の自身の仕事に追われ、部下育成が後手に回っているというのが実際のところではないでしょうか。

また、会社もそれをやむを得ないものとしているところがあるように見受けられます。しかし、組織を継続的に維持・発展させていくために、部下育成は決しておろそかにしてはならないものです。社員の成長こそ組織活力の源泉です。

以上、管理職の4つの役割を説明しました。管理職は、これら4つの役割を認識し、その役割を等しく果たすための努力が求められます。

もちろん、この４つの役割をすべて完璧に果たすことは至難の業ですし、そもそも何が完璧かなのかも明確にすることは難しいと思います。ただ、この４つが自身の役割であることをまずしっかり頭に焼きつけ、よりよく役割を果たすために努力することは可能です。その上で自身のできている部分、不足している部分を自覚し、一歩でもそのあるべき管理職像に近づくべく努力し、成長していただくことが重要です。

もう1つ大事なことがあります。それは、こうした役割を、会社の経営理念やビジョン、目標の達成のために果たすという意識です。つまり、第2章でお伝えした、会社の経営理念、ビジョン、年度計画を理解していることが大前提です。これらをしっかり部下に伝え、部下が自身の役割を認識して行動することができる組織は、間違いなく強い組織です。

４つの役割の相互補完関係

この４つの役割を等しく果たすためのポイントがあります。４つの役割の間の関係を理解し、お互いを補完させるようにすることです（図表22参照）。

例えば、「目標達成」という役割を果たすためには、「部下育成」を進め、部下に自身の能力を発揮させるとともに、その能力を伸ばすことで目標達成が容易になります。また、「業務改善」を行い、効率的に業務を行うことも、より確実な目標達成につながります。

【図表22　４つの役割の相互関係】

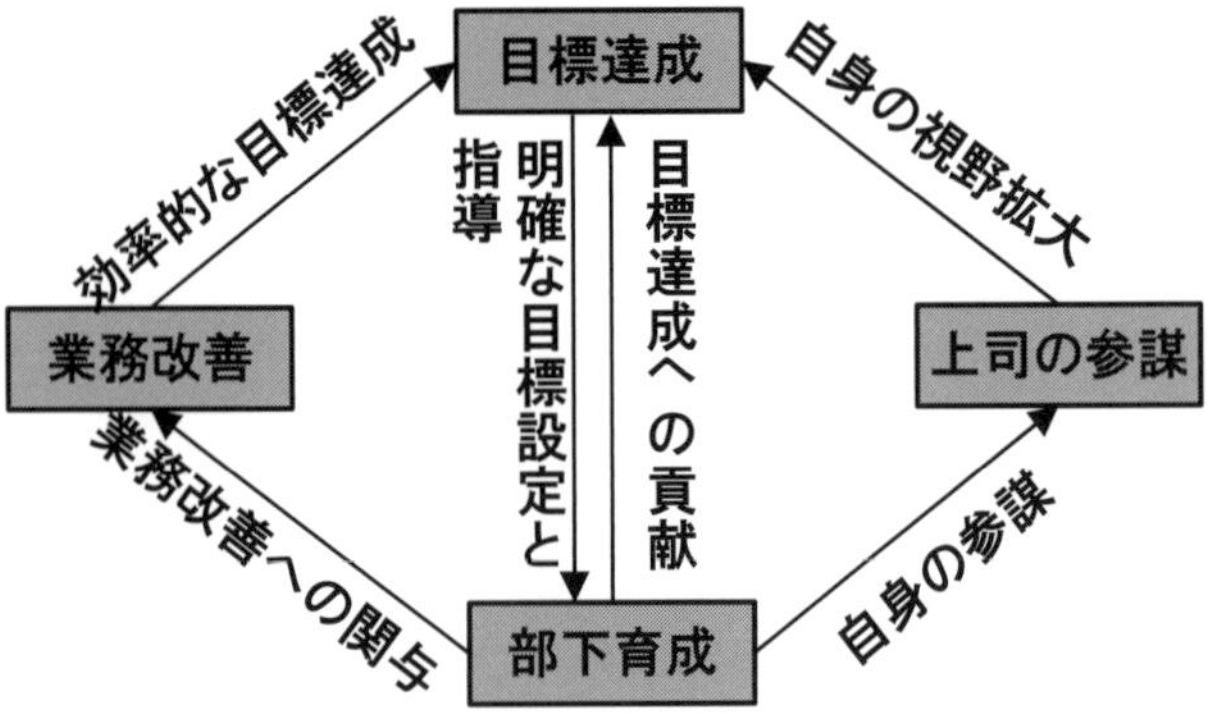

さらに「上司の参謀」は、直接的ではありませんが、自身の視野を拡げ、目標達成の可能性を拡げる上で有効です。

また、「部下育成」については、目標達成への貢献のための創意工夫をさせるとともに、「業務改善」を指示したり、自身が「上司の参謀」の役割を果たすために、部下に自身の参謀として意見を求めたりすることで、実践的に部下を育てることができます。

このような関係を理解した上で職場運営を行うことは、やみくもに個々の役割を果たそうとするよりはるかに効果的であり、かつそれぞれの役割達成度も向上します。

管理職に必要な視点は、こうした役割の相互補完関係を理解した上で、自部署をマネジメントすることです。第1章で、大局的視点の重要性をお伝えしましたが、管理職に対しても、その視点を持って職場を運営してもらうことが重要です。

こうしたお話を管理職の方にすると、「個々の役割の重要性はわかる。部下指導や業務改善の重要性はわかっているが、何よりもまずは、目標を達成することが第1の役割だ」という趣旨のことを言われます。もちろん、目標達成が重要であることに異論はありませんが、そのためにも「部下育成」や「業務改善」が必要であることを理解していただく必要があるのです。

アメリカの16代大統領であるリンカーンが、こんなことを言っています。「もし8時間、木を切る時間を与えられたら、そのうち6時間を私は斧を研ぐのに使うだろう」。

いくら頑張っても、切れ味の悪い斧では木は切れません。斧を研いで切れ味をよくすることで、決められた時間で目標を達成できると言っているのです。仕事も同じです。効率の悪いやり方でいくら頑張っても得られる成果は知れています。そうではなくて、部下を育て、業務を効率化し、大局的視点を持って目標を追求することが最も効率的に成果を上げる方法です。ですから、「部下育成」や「業務改善」に時間を惜しんではいけないということを、管理職の方には認識していただく必要があります。

基本スキルを鍛える

リンカーンの話は、管理職自身のスキルにも当てはまります。斧を研ぐ、すなわち自身のスキルを磨くことで、より効果的に4つの役割を果たすことができます。

4つの役割を果たすために管理職に求められるスキルとしては、「構想力」、「企画力」、「問題解決力」、「交渉力」、「指導・育成力」など、様々なものがあります。

【図表23　４つの役割を果たすための基本スキル】

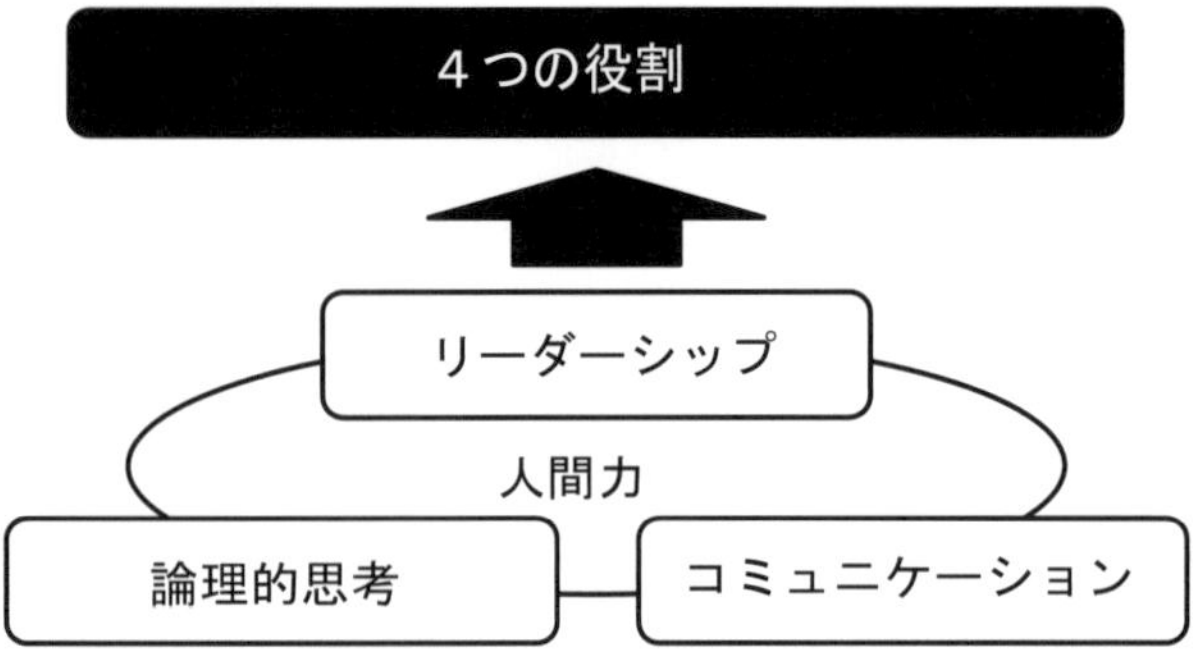

ロバート・カッツという学者は、スキルを大きくコンセプチュアルスキル、ヒューマンスキル、テクニカルスキルの３つに分類しています。コンセプチュアルスキルは、複雑な事柄を、概念化して構造的に捉える能力です。ヒューマンスキルとは、コミュニケーションを中心としたいわゆる対人関係能力です。テクニカルスキルは、具体的な業務の処理能力を言います。カッツによれば、管理職はこの３つのスキルを均等に持っている必要があるとしています。

これらは、すべて管理職が職責を果たす上で、重要なスキルといえますが、実はこれらは土台となる基本スキルの組合せです。それが「論理的思考力」、「コミュニケーション力」、「リーダーシップ力」の３つのスキルです（図表23参照）。多くの管理職に接していて、こうしたスキルの不足を感じることが少なくありません。

■論理的思考力

物事を筋道立てて構造的に捉える力です。仕事の中で起こる様々な現象、たとえば、経営をとりまく環境や、職場の問題点などの現状を把握するといっても、実体がないだけに捉えどころがありません。こうした一見捉えどころのない事象から、本質的な構造を把握する力が論理的思考力です。

また、そこから問題点とその原因を突き止めたり、効果的な解決策を導いたりする上でも必要になります。カッツのいうコンセプチュアルスキルの中核です。

加えて、他者の話を正確に理解したり、自身の考えを整理して正確に伝えたりするコミュニケーションにおいても、論理的思考力は必要です。論理的思考力は、あらゆる場面で必要とされる、ビジネスにおいて最も基本となるスキルです。

■コミュニケーション力

論理的思考では、感情をはじめ、余計な情報をそぎ落とすことで本質を捉えます。その分〝グッション〟の部分がなくなり、尖った表現になります。いくら論理的で正論であっても、相手に押しつけたり、打ち負かしたりするような言い方では、理解や協力は得られません。「あいつは人の気持ちがわからない」、「機械みたいなやつだ」といったことになります。

コミュニケーション力とは、論理を感情で柔らかく包み込んで、相手に配慮しながら気持ちよく意思疎通を図る力であり、人間関係を築く上で必須のスキルです。

■リーダーシップ力

管理職にとってリーダーシップの重要性は説明の必要もありませんが、そもそもリーダーシップとはどのようなものでしょうか。まず、イメージされるのは、上司が部下をグイグイ引っ張っていくというものです。もちろん、これもリーダーシップの1つの形といえますが、実はそれだけではありません。

最近、サーバント・リーダシップという言葉を聞くようになってきましたが、これは、部下をはじめ、周囲の人が、最大限の能力を発揮できるように支援するリーダーシップです。つまり、リーダーシップとは、「仕事の目的や意義を深く認識し、その実現に向けて周囲を巻き込む力」と言うことができます。もっと縮めて言うならば、「人を動かす力」と言ってもよいでしょう。

人を動かすためには、3つの条件が必要です。第1に部下が実現したいと思えるビジョンを示すこと、第2にそのビジョン実現に向けて部下にモチベーションを与えること、そして第3に部下や周囲の人が持てる能力を存分に発揮できる環境をつくることです。

また、リーダーシップとは、上位の人間が、下位の人間に対して発揮するものと捉えられがちですが、その関係にとどまりません。上司や同僚に働きかけ、協力を得ることもリーダーシップです。リーダーには、常に与えられた役割や目標を自らのものとし、自ら挑戦する気概が必要です。

これらのスキルは、一朝一夕に身につけることはできません。社外の研修を受けさせたり、そうしたスキルを発揮する機会を設けたりすることが必要です。報告を文章や図解で書かせたり、人前でわかりやすく説明させたり、社内の取組みでリーダーを任せたりすることで、意識的に管理職にトレーニングを積ませることです。

人間力を鍛える

前項で述べた3つのスキルを鍛えることで、管理職の役割を果たす力は強化されますが、しかし管理職にはもう1つ忘れてはならない大事なことがあります。それが人としての信頼感、いわば人間力です。いくら高いスキルを持っていても、人間的に信頼できない人に、誰も従おうとはしないでしょう。

人間力という言い方は少しおおざっぱすぎるので、人間力とは何かを考えてみたいと思います。いろいろな捉え方があるのでしょうが、私は次の5つを人間力と考えています。

■規律性

決められたルールを守るということです。これは、社内のルールに限らず、広く社会道徳や倫理も含みます。「俺には俺のやり方がある」とか、価値観の多様化などという言葉に紛れて、決められたことが守れないようでは困ります。

周囲のことも考えて、たとえ自分の考えと合わないことがあっても、決められたルールは守ることが必要です。

■自律性

言われたことだけやる、周りがそういうからやるということでは、管理職として頼りなくてしょうがありません。自分にしっかりとした考えを持ち、正しく判断し、行動できることが求められます。

■責任性

組織内での自身の役割を自覚し、その役割を果たそうとする姿勢です。自身の役割を果たす上で必要なことであれば、たとえ困難なことであっても努力を惜しまず、最後まで諦めない姿勢です。

■他者尊重

たとえ意見が合わない人、自分の意に沿わない部下であっても、「自分と相手は違う」という当たり前の事実を理解し、他者を尊重する姿勢です。この意識がなければ、たとえその人の意見が正しかったとしても、その人に従おうとは思わないでしょう。

時々、上司や同僚、部下、あるいは取引先に対して、不満やグチならまだしも、平気で悪口を言う管理職がいますが、これはいただけません。

また、自身が誤っている場合でも、管理職としての沽券にかかわるとして、部下に決して謝らないことを公言する方もいますが、これはその部下を尊重していないと言っているのと同じです。その部下にしてみれば、自分のことを尊重してくれない上司の指示に、本心から従う気にならないのは当然です。

■プラス思考

最後は「プラス思考」です。否定的なことばかり言う管理職についていく部下はいません。困難なことでも前向きに捉え、困難を打破する姿勢が必要です。

プラス思考は、持って生まれた性格だからどうしようもないという意見を聞きますが、プラス思考もいわばスキルです。どんな物事にもすべて二面性があります。成功の裏には落とし穴があり、失敗の裏には教訓があります。冒険を恐れず、情熱を持って果敢に前向きに取り組む気概こそ、リーダーに望まれる姿勢だといえます。そして、その姿勢に部下は共感とともに信頼を寄せ、主体的に組織に貢献しようという意識になるのです。こうしたスキルは一朝一夕に完成されるものではありませんし、そもそも完成などないでしょう。

会議に遅れて平気な顔をしている管理職がいます。あまり言いたくはありませんが、そういう社長も中にはおられます。会議の５分前に集まるというのは、スムーズに会議をスタートさせるための他者への配慮ですし、それが常識として社内に浸透しているのであれば、規律性でもあります。人間力という言葉には、様々な解釈があると思いますが、少なくとも右に示した５つの項目は、皆さんの定義にもだいたい当てはまるのではないでしょうか。

これらは、いずれも自身にその意思さえあれば、決して難しいことではないと思います。まずは、当たり前のことを当たり前にできるように指導することが必要です。もちろんですが、社長自身がお手本を見せることです。

【壁を突破する秘訣　その12】

管理職に、目標達成、業務改善、上司の参謀、部下育成の４つが役割であることを認識させる。

【壁を突破する秘訣　その13】

管理職の論理的思考力、コミュニケーション力、リーダーシップ力を強化する機会を与える。

社長自身がお手本を示し、管理職に人間力をつけさせる。

3　マネジメントツールを与える

マネジメントツールとは何か

前節で見てきたように、管理職は、組織目標を達成するために、自部署でＰＤＣＡサイクルを回しながら部下を統率し、自部署の目標を達成しなければなりません。しかも、業績を上げ続けるために、今までよりもよい方法でそれを達成しなければなりません。その間、社長に進言したり、部下を育てたりしながら達成するのです。その意味では管理職は大変です。

こうした4つの役割を、何も武器のない中で実行するのは、至難の技です。管理職が自身の役割をよりよく果たすためにも、マネジメントに活用できるツールを与えることが求められます。

マネジメントツールとは、文字どおりマネジメントを行うためのツールです。本書では、代表的なツールとして、ＰＤＣＡサイクル、目標管理制度、人事評価制度の3つを取り上げます。

なお、ツールという言葉を日本語にすると「道具」です。つまり、マネジメントツールとは、マネジメントを行うための道具です。そして、世の中のすべての道具は、正しく使って初めて役に立ちます。自動車は、楽に目的地に異動するための便利な道具ですが、アクセルとブレーキを踏み間違えれば、事故につながります。マネジメントツールも同じで、正しく使ってこそ役に立つのであり、使い方を誤れば、欲に立つどころか、弊害すら生じます。正しい使い方を理解することが必要です。

ＰＤＣＡサイクルを活用する

ＰＤＣＡサイクルについては、第2章でもお伝えしたとおり、マネジメントの基本中の基本のツールです。ＰＤＣＡサイクルとは、最も効率的に、最も多くの成果を上げる仕事の進め方の大原則です。ここでは、ＰＤＣＡサイクルを回すために必要な仕組みについて説明します。

ＰＤＣＡサイクル自体は考え方ですから、これを組織の中で活用するためには、「活用する場」、つまり「会議体」が必要です。また、計画やその進捗状況を正確かつ効率的に共有するための「見える化」、すなわち共通フォーマットを整備します。

■定例会議の設置

会議体は、情報共有や討議の場として不可欠です。とはいえ、本来討議や意思決定の場であるはずの会議が、単なる報告会になっているケースも多く見られます。社長に対し、各部署の責任者が、自部署の厳しい業績を報告し、社長から厳しい叱責を受けるだけの会議です。社長から対策を聞かれて、「来月こそ頑張ります。」と回答します。よくある光景です。

全社のＰＤＣＡサイクルを回す会議では、年度計画策定と進捗管理が目的になります。各部署の報告は、資料の事前配付、事前確認により最小限にとどめ、課題の共有と討議を中心とします。

会議は、月次で、各回2時間程度とします。部署単位の実績と課題を事前共有した上で、対策を検討します。限られた会議時間を有効に使うため、各部署では課題への対策案を持って会議に臨み、会議ではそれについて討議します。

その際重要なことは、他部署の進捗や課題、対策について、他部署からの積極的な質問や提案を求めることです。これが活性化すると会社の一体感が格段に向上します。コンサルティングでは、常にこれを意識して会議を進行しますが、なかなか難しいというのが率直な感想です。

会議体は、会社の規模にもよりますが、全社の他、階層ごとに設置し、それぞれのレベルでPDCAサイクルを回します。

■共通フォーマット

PDCAサイクルを回す仕組みでもう1つ重要なことが、会議資料の共通フォーマット化です。これは、情報を共有するための「見える化」の仕組みです。会社によっては進捗報告を、システムで出力された数字の羅列の資料の他に、口頭で済ませるところもありますが、部署によって報告内容やレベルがバラバラであったり、その内容確認に多くの時間が割かれたりして、本来行うべき討議にほとんど時間がとれないといったことが起こります。ムダな会議の典型です。

そうしたことを避けるためには、共通フォーマットが絶対に必要です。こうすることで、参加者の理解が促進され、活発な討議が可能になります。作成する共通フォーマットは、システム出力分も含め、全社および部門別の予実対比表、部門別施策別の進捗管理表は必須です。その他、部門内、課内のＰＤＣＡサイクルを回すために必要な資料を共通フォーマット化します。

このように、会議体の設置と、そこで使用される資料を共通フォーマット化することで、各階層で円滑にＰＤＣＡサイクルを回すことができ、情報共有も促進されます。

目標管理制度を活用する

組織のベクトルを合わせるのに有効なツールが目標管理です。ベクトルを合わせるために、経営理念や中期経営計画を共有することが必要ということは前述したとおりです。ただ、全社の目標に向かって、１人ひとりが自身のやるべきことを明確に理解することは容易ではありません。それを可能にするのが目標管理です。

目標管理は、これまたドラッカーの考案です。目標管理は、人事評価制度の業績評価の仕組みとして活用される場合が多いため、人事評価の仕組みと誤解されがちですが、本来は、まさに組織目標達成のためのツールです。ご参考までに、ドラッカーの著作「現代の経営」の一文を紹介します。

「今日、企業が必要としているのは、個々人の力と責任に広い領域を与えると同時に、彼らの志や努力に共通の方向を与え、チームワークを打ち立て、個人的目標と共通の利益とを調和せしめるような『経営原理』である。これらのことをよく成し遂げられるのは、目標設定と自己統制による経営しかないであろう」。

これも60年ほど前のものです。それ以前は、１人のリーダーの指示どおりに動けば成果が出た時

【図表24　目標の連鎖】

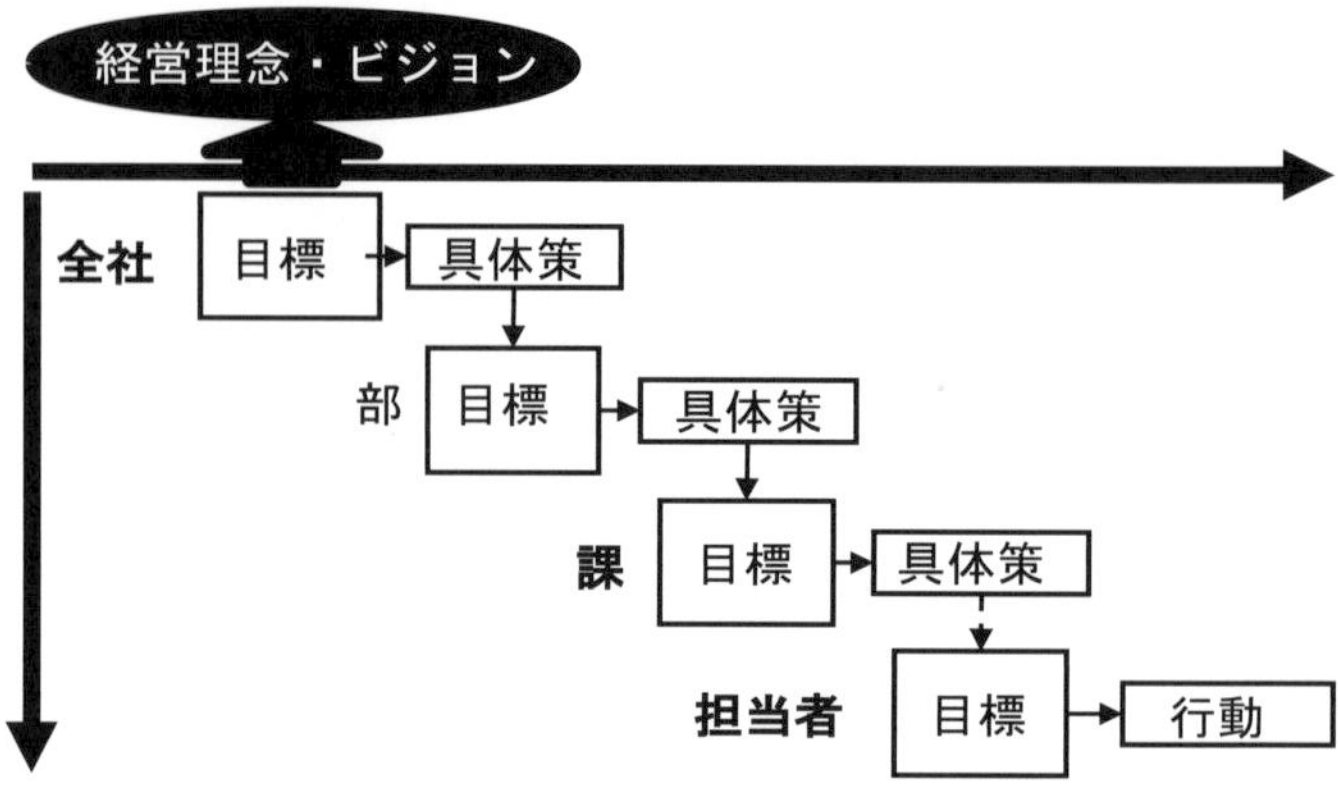

代でした。しかし、経営が複雑になり、リーダー1人ですべてを管理することが困難になってきたため、組織目標と連動した目標を個々人が設定するとともに、権限を与えることにより、個々人が創意工夫しながら、その能力を最大限引き出すことで成果を上げる目標管理の仕組みが考えられたのです。

目標管理を活用する上で重要な考え方が2つあります。「目標の連鎖」と「主体的な目標」です。

■目標の連鎖

「目標の連鎖」とは、組織の各階層が「目標」によって連鎖的につながっている状態をいいます。この連鎖によって担当者個々の目標達成が上位組織の目標達成につながり、最終的に全社目標の達成につながります(図表24参照)。

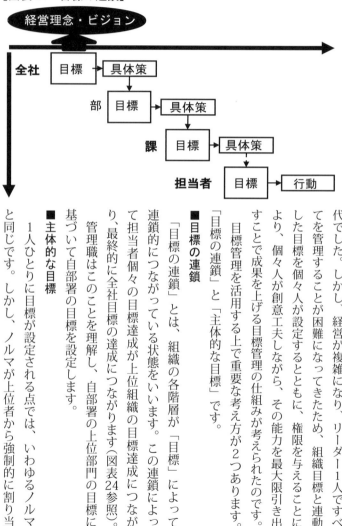

管理職はこのことを理解し、自部署の上位部門の目標に基づいて自部署の目標を設定します。

■主体的な目標

1人ひとりに目標が設定される点では、いわゆるノルマと同じです。しかし、ノルマが上位者から強制的に割り当てられるものであるのに対し、目標管理では、本人が、上位目標を理解した上で、主体的に設定します。そこに目標に対する責任とともに、目標達成へのこだわりが生まれます。それが本人の使命感や創意工夫を引き出し、目標達成の可能性を高めるのです。

この2つの条件を満たした目標管理は、個人の能力や努力の方向を共通の目標の達成に向ける強力なツールとなります。ただ、目標管理を運用する上で必ず問題となるのが、「目標の連鎖」と「主体的な目標」の両立です。

目標管理が人事評価制度の一部として運用されていることは前述しましたが、人事評価の結果は昇給や昇格などに反映されるのが一般的です。目標に対する達成度が評価に反映され、それが昇給や昇格に影響します。当然社員は、達成の可能性が高い容易な目標を設定したいと思います。

一方、組織目標達成の観点から言えば、組織が高い目標を掲げれば、社員にも高い目標が求められます。そこにギャップが生じます。目標管理を運用している多くの会社がこの問題を解決できないまま何となく運用しているため、十分な成果が得られていないのです。どうすればよいのでしょうか。

実は、私は、ここにこそ目標管理の本質があると考えています。つまり、管理職は、ビジョン実現の観点から、自身の目標達成の必要性を認識した上で、部下と徹底的に話し合い、高い目標を設定する必要性を部下に納得させるのです。その上で、部下が主体的に上位目標と連動した目標を設定するように指導するのです。これが、唯一、目標管理が機能する2つの条件を両立させる方法です。

この粘り強いコミュニケーションこそが、経営理念やビジョン、計画の浸透につながるとともに、上司と部下の人間関係を深め、組織としての一体性を高めることにつながります。私は、これが、目標管理の本質だと思います。

人事評価制度を活用する

３つ目のツールが人事評価制度です。これも管理職の役割の1つである部下育成を行う上で、非常に有効なツールです。しかし、目標管理同様、使い方は決して簡単ではありませんし、実際にうまく使えている会社は多くはありません。

人事評価制度は、一般に、能力と業績の両面で評価します。能力評価は、会社にもよりますが、業務知識やコミュニケーション力、リーダーシップなど、あらかじめ設定された評価項目に対する能力発揮度を評価します。業績評価は、前述の目標管理を活用して、目標に対する達成度で評価します。

人事評価制度の導入目的は、会社によって幅がありますが、「人材育成」が柱の1つです。管理職の役割の1つに部下育成があると言いましたが、人材育成というのが、最も難しい仕事の1つだということは、皆さんの多くが納得されるところだろうと思います。

管理職にすれば、その難しい仕事を、自分の経験だけで何とかしろと言われても、とまどうばかりです。目標達成のために時間が割けないという、もっともらしい理由をつけたり、「最近の若い奴は」といった言葉で責任を部下に押しつけたりするのです。そこで、人事評価制度という優れた道具を与えることで、効果的な部下育成を可能にするのです。

【図表25　人事評価制度の仕組み】

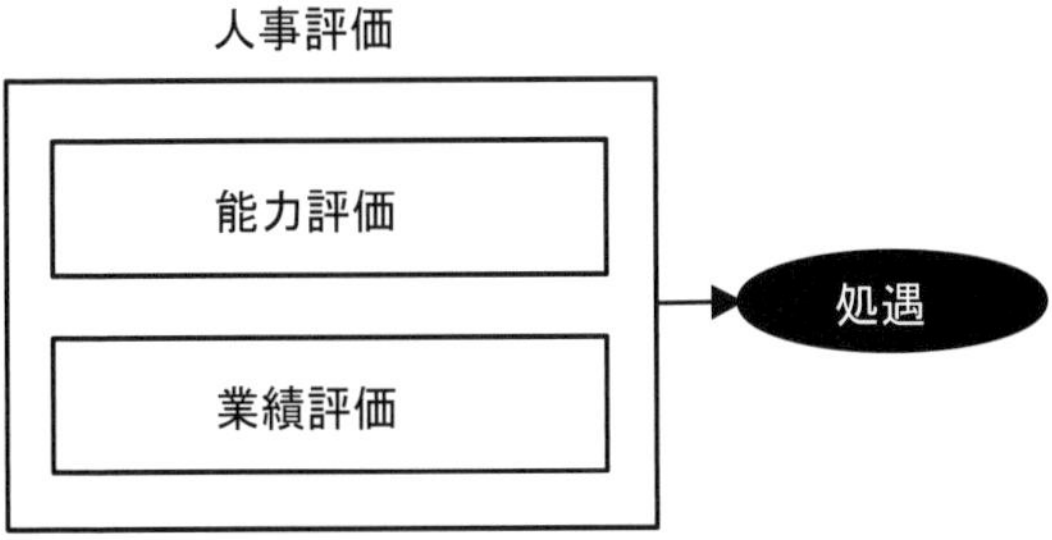

人事評価制度が効果的に人材育成につながる理由は２つあります。１つは、人事評価制度によって、部下１人ひとりに自身が努力して到達すべき目標が与えられます。業績評価では、文字どおり、今期自身が達成すべき目標を設定します。また、能力評価では、会社が求める人材像が、評価項目として示されます。業績評価における目標ほど明確ではありませんが、自身の成長目標です。この目標があるからこそ、やるべきことが明確になって努力ができるのです。

２つ目は、上司、すなわち管理職による支援です。私も含め、多くの人は自分に甘いのです。目指すべき目標が明確になっても、その目標が高いほど達成には困難が伴います。その困難を乗り越えることが難しいと思うと、「自分なりに頑張ったから、まあいいか」と妥協してしまいます。

こうしたときに、適切な助言をし、背中を押すのが上司の支援です。このことを人事評価制度が運用されている会社の多くの管理職は、理解していません。管理職は、評価が仕事だと考えているのです。評価は、あくまでも指導・育成の手段であり、その評価を踏まえて、部下の目標達成に向けた支援を行うことが上司の仕事です。

人事評価制度は、上司が部下を支援する具体的な材料を与えてくれます。業績評価では、部下が組織目標を達成するために、自身が目指すべき目標を明確にします。その達成方法を上司と部下とで、具体的に話し合うことが支援です。また、能力評価では、評価項目が細分化されているため、部下のどの能力が優れ、どの能力が不足かを具体的に把握することができます。優れている点は自信を持たせ、不足している点には助言を与え、ともに改善策を考えることが支援です。

このように、人事評価制度は部下へのきめ細かい指導を可能にする道具なのです。単に「もっと頑張れ」とか、「よくやっている」、「もっと勉強しろ」といった指導とは、効果の違いは歴然です。

この強力な人事評価制度がうまく使えていない会社が多いと言いましたが、その理由も2つです。人事評価制度の目的が「人材育成」であることが理解されていないことと、上司が人事評価制度における自身の役割を理解していないことです。

人事評価制度は、簡単に扱える道具ではありませんが、正面から真摯に取り組むことで、管理職自身、最も重要なスキルと言える指導・育成力を身につけることができます。管理職が、自身の役割を果たす上で、また管理職自身の指導・育成力を育てる上で、人事評価制度は強力な武器になります。

【壁を突破する秘訣　その15】

ＰＤＣＡサイクルを円滑に回すための会議体と共通フォーマットをつくる。

【壁を突破する秘訣　その16】

効果的な目標達成のために目標管理制度を活用する。

【壁を突破する秘訣　その17】
部下育成および管理職育成のために人事評価制度を活用する。

4　当事者意識を喚起する

当事者意識とは何か

　長年コンサルタントをやっていて、一番苦労するのがこの当事者意識です。いくら仕組みをつくっても、それを活かすのは社員です。社員に当事者意識がなければ、せっかくの仕組みも使われません。もちろん、これまでお伝えした役割や知識の習得、マネジメントツールの活用によって、当事者意識の喚起に影響を与えることは可能です。しかし、やはり最後は本人の意思です。役割を自身のものと認識し、知識やマネジメントツールを使おうと思うのも、最終的には本人の意思によらなければなりません。

　当事者意識に関する社長と社員の意識にはギャップがあります。「うちの社員は当事者意識が欠けていて困る」という不満を、社長から聞くことがあります。また、コンサルティングでかかわった会社で、第三者である私自身、感じることも少なからずあります。自ら会社を興し、成長させてきた社長にとっては無理からぬ不満だと思います。

　しかし、考えてみてください。自分の意思で起ち上げた会社であれば、社長はまさに最初から当事者であり、会社は運命共同体です。それに比べて社員はどうでしょうか。もちろん、創業メンバーであれば、そういう意識も持つかも知れません。ただ、創業後に入社した大多数の社員に、社長と同等の当事者意識を期待しても、それがそもそも無理というものです。

社員にとって一番大事なのは、自分と家族の生活です。会社が自分の運命協働体である社長と社員とでは、そもそもそこに埋められない大きな溝があります。社長は、まずこのことを認識する必要があります。「給料を払ってやっているのだから、会社のことを考えるのは当然だろう」とおっしゃる社長がおられます。気持ちはわかるのですが、実際のところ、給料に見合う働きかはともかく、社員にしてみれば、「会社のために働いているのだから、給料をもらうのは当然だ」と考える人もいます。さらに社員は、多少のリスクはあるにしても、他の会社に移るという選択肢もあるのです。ですから、この溝を少しでも小さくするためには工夫が必要です。

当事者意識に欠けるとは、その取組みが自身には無関係のように振る舞う状態を言いますが、具体的には次の3つの心理的要因のいずれかによって生じると言われます。1つ目は、「自己正当化」です。自分はやるべきことはやっているという理屈です。2つ目は、「現実逃避」です。新しい取組みの必要性を直視せず、「自分がそこまでしなくても、何とかなるだろう」と、事態をやり過ごそうとする意識です。3つ目は、「無力感」です。やらなければならないのはわかるけれど、自分には無理という意識です（図表26参照）。

したがって、当事者意識を醸成するためには、この3つの意識を払しょくする必要があります。

【図表 26　当事者意識に欠ける社員の心理】

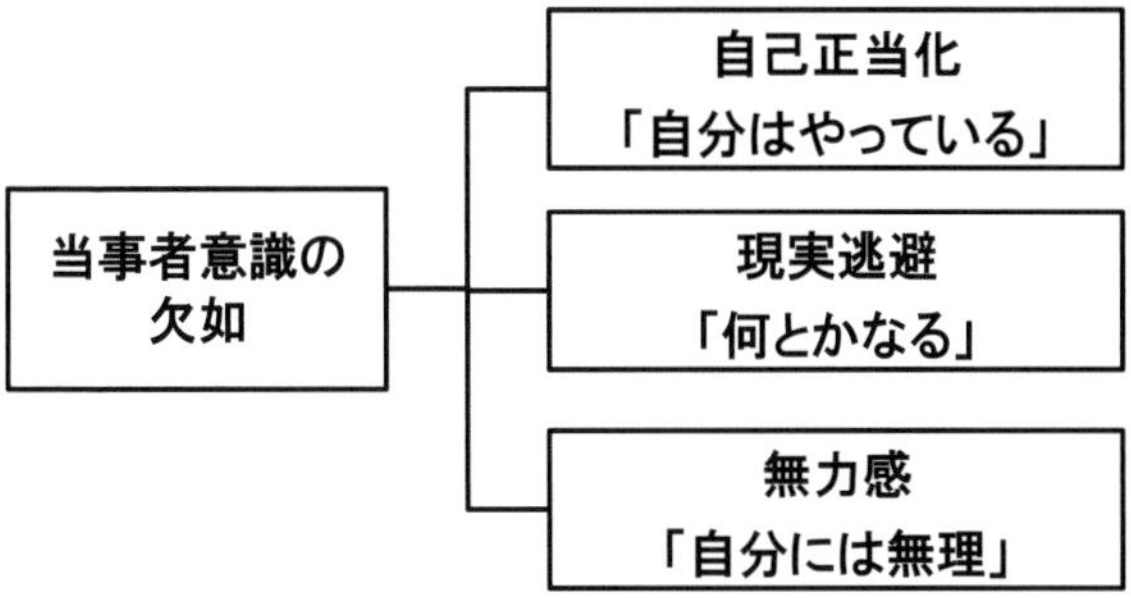

第2節の役割と知識を与えることや、第3節のマネジメントツールの活用は、自己正当化や無力感の軽減に役立ちます。

そして、「現実逃避」の意識を払しょくさせるのは、必要性の理解と「やりがい」です。現実逃避するのは、その仕事に、自分との関係が見えないため、やりたくないのです。

社員は、生活第一とは言いながら、やはり仕事に「やりがい」を求めています。自身に与えられた仕事に、「やりがい」が見い出せれば、社員は自らの意思で、自身の仕事に対し当事者意識を持って取り組むことができるのです。

やりがいを与えるものは、人によって異なりますが、次の2つはやりがいに大きな影響を与えます。

■使命感

自分に課せられた責任を、積極的に果たそうという意識です。組織の目的を達成するために、自身に課せられた仕事の重要性を認識するとともに、その責任を果たそうとする意識が必要です。

■権限

裁量と言ってもよいと思います。一から十まで指示されたことだけをやっているのでは、やりがいを感じることはできません。やはり、自分の判断である程度のことを決められることが必要です。

それでは、管理職に当事者意識を持たせるための、やりがいを引き出す方法を解説します。

使命感を与える

管理職にやりがいを与える第1は、使命感を持たせることです。「自分がやらなければ」という意識です。では、使命感はどうすれば持たせることができるのでしょうか。

使命感を持たせるためには、自分たちが協働で重要なことを目指していることとともに、その達成に、自身が大きな責任を担っていることを理解させる必要があります。そのためには、まず経営理念・ビジョンを認識させることが不可欠です。その上で社長自らが、ビジョンの実現には管理職1人ひとりの目標達成が不可欠であり、かつそれができるということを伝えるのです。自分たちが何のために存在し、何を目指しているのかを理解するとともに、何を達成しようとしているのか理解させ、自分がどんな役割を期待されているのかを認識させることは、使命感を醸成する上での大前提です。

第2が、ＰＤＣＡサイクルの仕組みの活用です。この仕組みにより、ビジョン実現に向けて自分たちが何に取り組み、どのような進捗で、どこまで成果が上がっているのか知ることができます。自身も取組みにかかわり、一定の役割と責任を負っていることの自覚を促します。

そして第3が、人事評価制度の活用です。業績評価に活用される、目標管理における目標の連鎖は、自身の目標と組織目標との関係を明確に示します。また、能力評価も、評価項目に使命感を反映した評価項目を設け、その発揮度を評価として伝えることで、使命感の発揮を促すことができます。

そして、その評価結果を昇給や昇格に適切に反映させることにより、使命感を重視する意識の醸成ができます。社長は、目標管理や人事評価が正しい運用がされるようしっかりチェックすることが必要です。

権限を与える

使命感を持たせる一方で、権限がないということでは人はやりがいを感じることはできません。むしろやる気を失うでしょう。取り組む前から諦めが生まれます。また、それを理由に責任逃れをする可能性もあります。ですから責任を果たすうえで必要な権限を与える必要があります。

責任を果たせと厳しく言う一方で、権限はすべて社長という会社があります。何か判断を必要とする場合、管理職に対し逐一社長の承認を求めます。そうなると管理職は、自身で判断することをやめ、すべてを社長の判断に委ねるようになります。それこそ主体性がなくなります。自分から意見を言うこともやめ、それがまた社長の不満になります。しかし、それでは、管理職は責任を果たそうという意識にはなれません。見方を変えれば、社長自身が管理職の当事者意識を奪っていることにもなります。

経営の大原則に、「権限責任一致の原則」というものがあります。役割に与えられる権限の大きさは、責任と同じ量でなければならないという原則です。しかし、やりがいを与えたいのであれば、責任よりも少し大きな権限を与えることが有効です。これを権限移譲といいます。君に任せるぞというメッセージです。そうすることで、改めて使命感を喚起するとともに、社長から信頼を得ているという意識を持つことができるのです。頼りないと思っている管理職に権限を与えることに躊躇する社長もおられるとは思いますが、社員にやりがいを与えるために必要なことであり、また管理職の成長にもつながることでもあります。

ただし、報告は、きっちり受ける必要があります。権限移譲するのですから、事後報告でも構いません。個々の管理職の仕事ぶりを常に把握し、必要に応じて指導します。必ずしも社長の考えと一致しないこともあるかも知れません。また、修正が利くような失敗であれば、管理職の育成料として多少は目をつぶる覚悟も必要です。

「可愛い子には旅をさせよ」という言葉があります。別に可愛くはない管理職もいるかも知れませんが、社長には、管理職を成長させるために、こらえるとこはぐっとこらえる器を持っていただきたいと思います。

【壁を突破する秘訣　その18】

管理職に、ビジョン実現のために不可欠な存在であることを伝え、使命感を与える。

【壁を突破する秘訣　その19】

管理職に、責任以上の権限を与え、任せる。

第4章　人材の戦力化の壁と突破する秘訣とは

1　「人材の戦力化の壁」の正体

採用難の時代

日本の中小企業は、現在、空前の採用難に直面しています。以前、中小企業の社長と話をしていると、「うちは中小企業なので、大手企業のように希望するような人材が来ないのです」と言うようなことを聞いていましたが、最近は、「求人を打ってもさっぱり反応がなく、どうしようもありません」と、複数の社長から聞きます。希望する人材はおろか、応募者自体が来ないといった状況です。もちろん、中小企業の中にも、キラリと光る魅力があって、就職希望者が大勢来るような会社もあります。ただ、メディアへの露出も少ない、多くの中小企業の社長にとっては、切実な悩みとなっています。

ここで社長に考えていただきたいことは、採用難は、今後これまで以上に多くの中小企業にのしかかる大きな問題であり、早急に手を打つ必要があるということです。

日本は、本格的な少子高齢化の時代に突入しています。15歳以上65歳未満の生産年齢人口は、ピークの1995年の8，726万人から、2015年には7，728万人まで減っています。20年間で1，000万人の減少です。さらに、2029年には7，000万人にまで減ると予測されています。本格的な人材獲得競争の時代が来たのです。

さらに、ワーク・ライフ・バランスの流れがあります。ワーク・ライフ・バランスとは、「仕事と生活の調和」と訳されますが、１人ひとりがやりがいを持って働く一方、健康で豊かな生活のための時間が確保できる社会を実現しようとする、大変有難い考え方です。働き過ぎと言われてきた日本人の働き方を見直し、仕事も生活も充実した人生を送れるようにしようというものです。２００７年に、国が「仕事と生活の調和憲章」として発表後、各都道府県に推進組織が設置され、取組みが進められてきました。

なぜ、国がこうした考え方を広めたいかというと、背景に今の日本が抱える労働環境があります。まず、少子高齢化です。働き手が減る中、これまでの働き方では成長に限界がくることは目に見えています。また、働く意思がありながら育児や介護に追われ、退職を余儀なくされる人の増加です。さらに、近年よく話題となる過労死やメンタル不調の問題もあります。ただでさえ働き手が減る中で、働く意思がある人まで働けなくなる状況を避けるために、ワーク・ライフ・バランスが必要なのです。

女性の社会進出は進んでいますが、まだ制約があります。高齢者にも元気な方は大勢います。こうした人たちが積極的に働ける環境をつくることが、労働力確保のために必要なのです。「働き方改革」で、罰則付き残業規制や有給休暇の強制取得などが義務づけられましたが、これもワーク・ライフ・バランスの一環です。

数年前まではワーク・ライフ・バランスに積極的に取り組む先進企業は、大手を中心に一部にとどまっていました。しかし、「働き方改革」の流れの中で、こうしたことに前向きに取り組む会社は増えています。採用難への対策として働きやすい職場をつくろうとする会社が増えてきているのです。

今の若い人たちは、インターネットで様々な情報を入手し、より働きやすい会社に応募が集中するようになっています。この流れに乗り遅れると、募集をしても人が来ない状況はますます悪化することは目に見えています。

人材育成が後回しにされてきた中小企業

これまで多くの中小企業のご支援をさせていただく中で気づいた、大手企業と中小企業の大きな違いの1つが、人材育成にかけるコストです。大手企業では、ただでさえ優秀な人材が集まりやすい上に、人材育成にも一定の投資を行っています。定期的なローテーションによって、社員に様々な経験をさせるのも1つです。職位に応じて社内外の研修を受講させてもいます。資格取得を奨励し、書籍の購入に対する補助や、資格手当を支給したりしています。

他方、中小企業では、中には大企業と遜色がないくらい教育制度が充実し、人材育成にコストをかけている会社もありますが、多くは教育制度をはじめ、人を育てる仕組みが脆弱です。大手企業の社員はいろいろな面で恵まれていると思います。

もちろん、大手企業と中小企業とでは体力差があり、同じようにすることは難しいでしょうが、やり方次第で効果的に人材を育てることは可能です。日常の業務の中でも、教えられることは山ほどありますが、人を育てるという意識が希薄なために、多くの機会を失っているように思います。

中小企業の人材育成は、主にＯＪＴ（Ｏｎ　ｔｈｅ　Ｊｏｂ　Ｔｒａｉｎｉｎｇ）で行われています。実際の仕事の現場において、業務を通して行う教育訓練です。これも本来、有効な手段の１つですが、単に横について教えるとか、やらせてみるとか、さらには仕事を与えるだけのことを、ＯＪＴと考えている会社が多いように思います。あるいは、「仕事は見て盗め」と言わんばかりに、ほとんど教えようとしない、昭和の時代から全く進歩していない職場も見かけます。

もう1つ、多くの中小企業には、「人材」に対する誤解があるように感じます。つまり、「人材」とは、能力面で一定以上のスキルを持った人のことを指すという誤解です。「うちは小さい会社なので、人材が取れないんですよ」、「うちには人材がいませんからねえ」という言葉も、よく考えてみればこうした誤解から生まれてきているのではないでしょうか。

すべての人は「人材」です。最初から能力を持った人間など存在しません。世に生を受けてから、親の元で育てられ、教育を受けながら、様々な経験を経て成長する中で、現在の「人材」になっているということです。人は成長するのです。能力が十分でないならば育てればよいのです。

東京に岡野工業という会社があります。正しくは「あった」です。残念ながら、２０１８年に後継者不在を理由に廃業したそうです。この会社は、蚊の針と同程度の驚異的な細さの超精密加工で、「痛くない注射針」を開発し、一躍中小企業の星としてマスコミにも取り上げられました。その会社の採用が何ともユニークで、求人に最初に応募した希望者を、無条件に採用したそうです。いち早く応募した人はやる気があるに違いないというのが理由です。就職希望者の中には、元暴走族の人もいたそうです。

いい人材が来ないのなら、あるいは応募者自体来ないのならば、今いる人材を磨き上げるしかありません。もちろん、そのためには社員を成長させるという会社の意思と、育てる仕組みが必要です。そうした仕組みができれば、それはもう会社の強みになり、財産になります。成長できる会社ということをアピールすることで、就職希望者が増え、採用難も解消されるでしょう。今の多くの中小企業には、そうした取組みが不可欠です。

自律型人材が育たない環境

かなり前の話ですが、ある会社で営業成績の上がらない社員に対し、社長が「いったいお前は何をやっているんだ。自分の給料も稼げていないんだぞ。わかっているのか」といった言葉を、他の社員の前で言われたことがありました。社長はそう言うことで、その社員にハッパをかけるつもりだったのかも知れません。気持ちもわからないではありませんが、その社員が本当にそれで発奮するかというと疑問です。その言葉に本人が委縮し、また、他の社員も社長に遠慮して、その社員と距離を置くようになれば、逆効果です。

「自律型人材」という言葉があります。自律、すなわち自分で自分をコントロールできる人材です。もう少し正確に言えば、「自分の役割を知り、その役割遂行に向けて自身で正しい判断を行い、行動できる人材」です。社長にとってみればこんな頼もしい社員はいません。自律型人材が多い会社ほど、業務にスピード感が出て、業績が上がるのは当然です。

しかし、伸び悩む中小企業には、この自律型人材が少ないのです。自身の役割を深く考えることもなく、難しい判断を避け、前例踏襲で、日々のルーチンワークをこなす社員が多いように思います。皆さんの会社には、自律型人材がどれだけいるでしょうか。

自律型人材を育てるためには、３つの意識を持たせることが必要だと言われます。それは、帰属感、充実感、希望感です。職場、会社の一員として認められているという安心感と仲間意識をベースに、日々の仕事にやりがいや働きがいを感じ、自身の将来に明るい未来をイメージを持っているという気持ちです。皆さんの会社は、帰属感、充実感、希望感を持たせられるような環境でしょうか。

人間には成長したいという欲求がある

人がいないのならば育てればよいといいましたが、多くの皆さんが、「そんなに簡単に育てられるのか」という疑問を持たれたと思います。もちろん、簡単ではありません。もっと言えば、人を育てる仕事は、最も難しい仕事の１つだと思います。しかし、正しい方法を知り、忍耐力さえあれば、育てることは可能です。また、人が来ない多くの中小企業では、他に方法はないのです。

「マズローの欲求五段階説」という有名な理論があります。人間は、自己実現に向かって絶えず

【図表27　マズローの欲求五段階説】

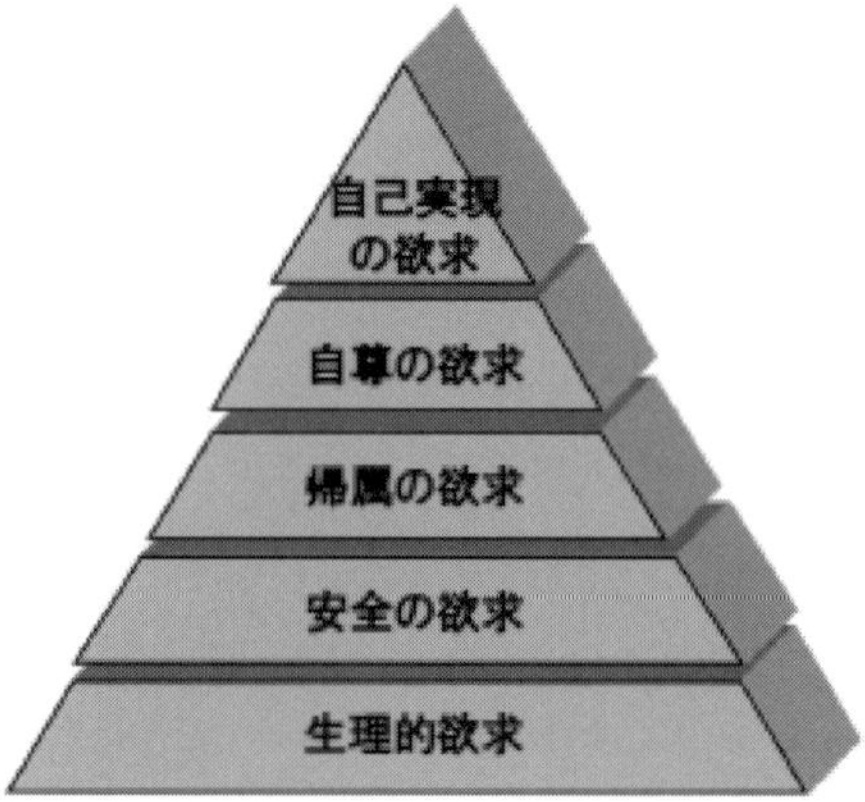

成長したいという欲求があるという考え方です。アブラハム・ハロルド・マズローという心理学者が、1943年に発表しました。ずいぶん古い理論ですが、いまだに様々な分野で活用されています。

簡単に説明すると、すべての人間には、階層化された5つの欲求があり、下位の欲求がある程度満たされると上位の欲求が現れるというものです。5つの欲求とは、下から①生理的欲求、②安全の欲求、③帰属の欲求、④自尊の欲求、⑤自己実現の欲求です。この理論の特徴は、この5つの欲求が同時に存在するのではなく、下位の欲求がある程度満たされると、上位の欲求が現れるというものです（図表27参照）。

■生理的欲求

人間が生きていくために求める根源的な欲求で、のどが渇けば水が飲みたい、空腹になれば食べ物をとりたい、疲れたら眠りたいといった欲求です。

■安全の欲求

生理的欲求がある程度満たされた状態になると、現れるのが安全の欲求です。より安全な水を飲みたい、安全な食べ物を食べたい、最低限度の賃金が確保されているなど、身の安全にかかわる欲求です。

■帰属の欲求

人間は、「社会的動物」と言われます。集団の一員として認められたい、職場の一員として認められたいという欲求です。

■自尊の欲求

集団の中で、自分が必要不可欠であることを自他ともに認める存在でありたいという欲求です。

■自己実現の欲求

自身が「こうありたい」という理想を実現したいと願う欲求です。

ご自身に照らしてみても、ある程度納得いただけるのではないでしょうか。細かく言えば、この順番は、人によって微妙に異なっていたりもするようですが、基本的にはこの階層に従います。つまり、人は、常に上位の欲求を満たしたいという「成長欲求」があると言うことです。皆さんにも、それから皆さんの会社の社員にも、すべての人に成長欲求があります。社員を育てたいと思うのであれば、皆さんは、まずこのことを信じていただくことが必要です。

ここで、「どう見ても成長欲求があるとは思えない社員がいるじゃないか」と、疑問を感じる方がおられると思います。新しいことにチャレンジさせようとしても逃げる、昇進機会を与えても固辞する、自分から行動を起こさず、言われたことしかしない社員は、おそらくどんな会社にもいると思います。こういう社員に、果たして成長欲求はあるのかと考えても不思議はありません。

しかし、それは、その社員の下位の階層の欲求が満たされていないことによるものと考えるのです。新しいことにチャレンジしたり、自ら主体的に行動したりすることは、会社や職場に役に立とうとする「自尊の欲求」と考えられますが、その行動が見られないのは、下位の「帰属の欲求」や「安全の欲求」が十分満たされていない状態なのです。新しいことにチャレンジして失敗することで、自分の立場や評価を失うのではないかという恐れが、帰属の欲求や安全の欲求を脅かし、行動を妨げているのです。

そして、帰属の欲求や安全の欲求が脅かされる原因に、上司や社長が関係している場合があります。たとえば、人を数字だけで評価し、数字が落ちたとたん冷たい態度で扱われると、安全の欲求が脅かされるのです。あるいは、職場が暗く、ほとんど会話がないと、職場の一員であるという帰属の欲求が満たされません。皆さんの会社で思い当たる節がないか、1度考えてみていただきたいと思います。

人材の戦力化の壁を突破する

まず、よい人材、つまりある程度基礎が完成した人材が採用できないのであれば、社内で育てるしかないという事実を認めることがスタートです。その上で、自律型人材を育てるため、社員が希望感、充実感、帰属感を感じられる職場を創り上げていく必要があります。

帰属感を持たせるには、まず社員が会社の一員であることを認め、言葉として発信することです。「何があっても社員の首は切らん」と公言する社長がいます。どんな人材であれ、その社員がいなければ、少なくとも現状を維持することはできません。1人ひとりが会社にとって大切な存在であることを、コミュニケーションを通じて伝えるのです。これにコストはかかりません。社長の言葉で改善が可能です。

次に、充実感を持たせるには、仕事にやりがいを感じてもらわなければいけません。第3章でも触れましたが、やりがいは使命感と権限を与えることで得られます。小さいことであっても、自分の仕事が何かしら社会に貢献していること、さらに自分の行動がビジョンの実現に役立つことが自覚できること、その上である程度仕事を任されれば、社員はやりがいを感じることができます。

３つ目の希望感を持たせるには、この会社で働くことでよりよい未来が待っていると感じられるようにすることです。社員にとっての「よりよい未来」は、人によって異なるかも知れませんが、大きくは、給料が上がるか、成長できるかということでしょう。給料は、業績を無視して上げることはできませんから、成長実感を持たせることが重要です。社員が成長すれば業績も上がり、給料も上げあげられます。

その成長実感は、どうすれば持たせることができるのでしょうか。ここで、少し人が成長する条件を考えてみたいと思います。

人が成長する条件は3つです。

まず、自身が目指すべき目的と目標の認識です。成長するためには、努力が必要です。何を目指して努力するのか、また、それによって何が得られるのかが明確になっている必要があります。

2つ目は、自身の能力を、実際に具体的な行動として発揮することです。思ったとおりの成果が得られれば自信につながります。また、失敗してもそれを反省して改善することでスキルが身につきます。

3つ目がモチベーションです。これは、目的と目標の認識や能力発揮の前提です。

なお、本書では、これまで「人を育てる」と言ってきましたが、厳密に言うと正確ではないように思います。本人にその気がない限り、人を育てることなどできないからです。できることは、この3つの条件を満たす環境を与えることまでです。人が成長できる環境を与えることにより、本人の成長を促すのです。

本人が成長したいと思えるために、会社が与えられる環境は4つあります（図表28参照）。

第1は、目的と目標を明示することです。本人が努力して目指すべき、目的と目標を与えます。その1つが、経営理念、ビジョンであり組織目標です。そしてもう1つが、それを踏まえた本人の成果目標です。

第2に、本人の目標達成の支援です。本人の目標達成と成長を、可能な限り社長や管理職が後押しすることです。それは組織目標の達成にもつながります。

【図表28　人が育つ条件と環境】

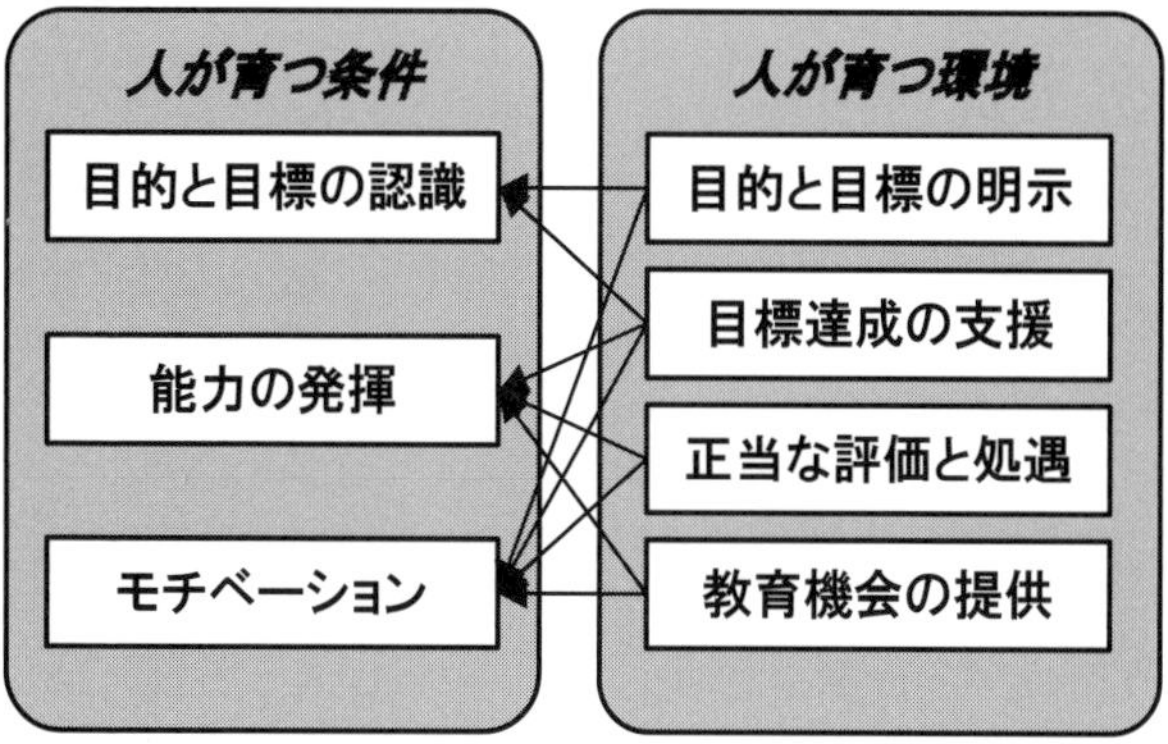

第3に、正当な評価と処遇です。社員の日頃の仕事ぶりや成果を正しく評価し、それをしっかり本人に伝えるとともに、その結果を給与や賞与、昇格に反映します

第4に、教育機会の提供です。会社の業績向上につながる、本人のさらなる能力向上意欲に応える、教育機会を与えることです。

人材を戦力化するためには、本人の成長意欲と、それが実感できることが必要です。そのために会社は、社員に仕事の意義を理解させ、能力の発揮と向上を支援し、働きぶりを正当に評価しなければなりません。これらのことを可能にする柱が、第3章で解説した目標管理制度と人事評価制度です。

本書では、これらの制度を構築する具体的な方法を詳しく解説することはできませんが、これらの制度を人材育成に活かすポイントをお伝えしていきます。

実際、これらの制度は、運用が最も難しい制度と言えますが、うまく使えばこんなに役に立つ道具もありません。

人事評価制度は、本来、人材育成にこそ役立つ制度です。その目的があいまいなまま運用すると、単に煩雑な作業が増えるだけの不人気な制度になってしまいます。

人材を戦力化する仕組みをつくることは、採用にもよい影響を与えます。実際に仕事を通じて成長できることを対外的にアピールすることにより、成長意欲のある人材が集めやすくなります。

2 社員に目的と目標を与える

自社に必要な人材とは

皆さんの会社にとって、必要な人材とはどのような人でしょうか。まず、すべての社長が望む人材とは、成果を上げられる人材でしょう。その成果を上げるための、高い能力と意欲を持った人材です。ただ、それだけでは不十分です。会社は組織です。他の社員と協働して、共通の目的・目標である経営理念やビジョンの実現を目指す必要があります。したがって、その経営理念・ビジョンを重視し、協働を体現できる人材が望まれます。ハードルが高そうですが、会社が必要とするのはこうした人材です。

一方、欲求五段階説で見てきたように、社員も本来成長を望んでいます。しかし、具体的な目標がないと、人は成長できません。また、社員が好き勝手な目標を立てたのでも、会社としての共通の目的・目標は実現できません。そもそも社員にとって、成長したいとは思っていても、どんな人材に成長したいのかを具体的に描くことは簡単ではありません。

そこで、会社が望む人材像を具体的な能力や仕事に対する基本姿勢として示し、それを社員が目指すべき成長目標として与えるのです。会社と社員の双方にとって望ましい、共通の目標になります。

この共通の目標となる成長目標を実現することにより、会社は、組織の経営理念・ビジョンの実現が可能になります。これが、会社が社員に与える目的です。

目標とする成果を明確にする

まずは、会社のビジョンを実現するための、社員個々が目標とする成果を明確にします。具体的には、第3章で解説した目標管理の仕組みを活用します。社員は、年度の初めに、今期の全社目標を達成するための自身の成果目標を、本人の主要な業務に関連して3〜5項目設定します。そして、1年間その目標を達成するために、自身の持っている能力を最大限発揮します。社員は、このことを通じて成長を目指します。また、それが会社にとっては全社目標の達成につながります
第3章で、目標管理における目標には、目標の連鎖と主体的な目標の2つの条件が必要と言いましたが、社員の成長という観点を加えると、さらに、目標が具体的であることと、チャレンジャブルであることが必要です。
目標が具体的でなければならないのは、具体的な行動につなげることができるからです。あいま

いな目標では、何をすべきかが明確になりません。具体的な行動に移すことができないのです。具体的な行動のみが成果を生み、社員の成長につながります。また、後述するように、あいまいな目標だと正当な評価ができず、社員の納得を得ることが難しくなります。

また、目標は、チャレンジャブルでなければなりません。目標が全社目標達成に必要であると同時に、目標達成への努力を通じて、社員の成長を求めるからです。主体的に設定したチャレンジャブルな目標だからこそ、目標に対するこだわりと創意工夫が生まれ、成長につなげることができるのです。

以上が会社の成果と社員の育成につながる目標の条件です。

目標とする能力を明確にする

次に会社が示すのは、社員が目標とすべき人材像です。社員にどんな能力や基本姿勢を発揮してもらいたいのかを社員に具体的に示します。それらは、新人を含む若手や中堅層、それから部署を任せる管理職層では異なるでしょう。それぞれの階層ごとに発揮してもらいたい能力・基本姿勢を明確にします。

実際には、これら階層別に求められる能力は、自社で検討して決めていく必要がありますが、ご参考までに、一般的な例でお話します（図表29参照）。

まず、階層にかかわらず自社の社員として持って欲しい基本姿勢を明確にします。ルールや社会

【図表29　社員に求める人材像（例）】

共通	規律性、責任感、誠実性、積極性、協調性
若手	業務知識、正確性、理解力 コミュニケーション力
中堅	業務知識、計画性、判断力、調整力、リーダーシップ、指導力
管理職	構想力、企画力、交渉力、統率力、育成力

常識を守る規律性、与えられた仕事を貫徹しようとする責任感、正直かつ真摯に人と向き合う誠実性、新しいことにチャレンジする積極性、チームの一員として他者に配慮する協調性などが挙げられます。

　次に、新卒や若手社員に対してはどんな能力が求められるでしょうか。一般的には、基本的な業務知識やコミュニケーション力、業務の正確性、教えられたことをいち早く習得できる理解力など、基礎的な能力が考えられます。

　中堅層ではどうでしょうか。中堅層ともなると、ある程度自律的に職務が遂行できるとともに、新人や若手に対する指導も期待したいところです。若手に求める能力に加え、担当業務については、確かな業務知識を持つとともに、計画的に業務の段取りができたり、様々なイレギュラー処理に、自身で判断し対処できたりすることが望まれます。また、他部署と共同で作業を行う場合の調整力や、担当業務に関する若手指導、リーダーシップなども求められるでしょう。

管理職については、第3章でその役割を挙げました。目標達成、問題解決、上司の参謀、人材育成の4つです。また、その前提に経営理念やビジョンの理解がありました。

したがって、具体的に求められる能力は、会社のビジョンや目標を達成するために、自部署の運営方針を考える構想力やそれを具体化する企画力、経営理念やビジョン、自部署の計画を部下に浸透し、実行させる統率力、社外の取引先や他部署に対する交渉力、部下を育てる人材育成力などがあるでしょう。

実際には、社長だけでなく管理職も交えて議論しながら、階層ごとの人材像と、求められる能力・基本姿勢を具体的に複数項目決めていきます。項目数は少なすぎると目標として抽象的になります。また、多すぎても煩雑になり運用が難しくなります。特に決まりはありませんが、経験的に言えば各階層8～10項目程度が適当でしょう。

なお、これらの項目は、一般に能力評価項目と呼ばれます。後述するように、能力評価項目ごとに個々の社員の評価を行うことで、社員は自身の能力レベルを具体的に知ることが可能になります。それにより社員は、自身の強み、弱みを自覚し、的を絞った能力向上の努力をすることで、さらなる成長につなげることができるのです。

目標管理制度や人事評価制度をすでに運用している会社では、本章のポイントを踏まえて一度制度の中身と運用を見直していただきたいと思います。まだ導入されていないのであれば、この機会にぜひ導入を検討いただきたいと思います。目標管理制度や人事評価制度の構築手順を解説すると

1冊の本になります。本書でこれ以上詳しい解説はできませんが、検討の際には、別の専門書を参考にしていただきたいと思います。

【壁を突破する秘訣　その20】
社員が達成目標とする成果を設定する。

【壁を突破する秘訣　その21】
社員が成長目標とする能力項目を明示する。

3　社員の「やる気」を引き出す

社員の「やる気」が成果を決める

人が成果をあげるうえで、欠かすことができないのがモチベーションです。モチベーションは、よく「やる気」と同じ意味に使われますが、厳密には少し意味が異なります。モチベーションとは、何か行動するときの「動機づけ」となるものを言い、動機づけの結果生じるものが「やる気」です。つまり、モチベーションは、「やる気」の元となるものであり、それを社員に持たせることによって、「やる気」を引き出します。社員のモチベーションの1つは、経営理念・ビジョンに貢献したいという欲求です。また、それも含んで「成長したい」という根本的な欲求です。このモチベーションをいかに社員自身に意識させるかが重要です。

【図表 30　意欲の度合いによる社員の生産性】

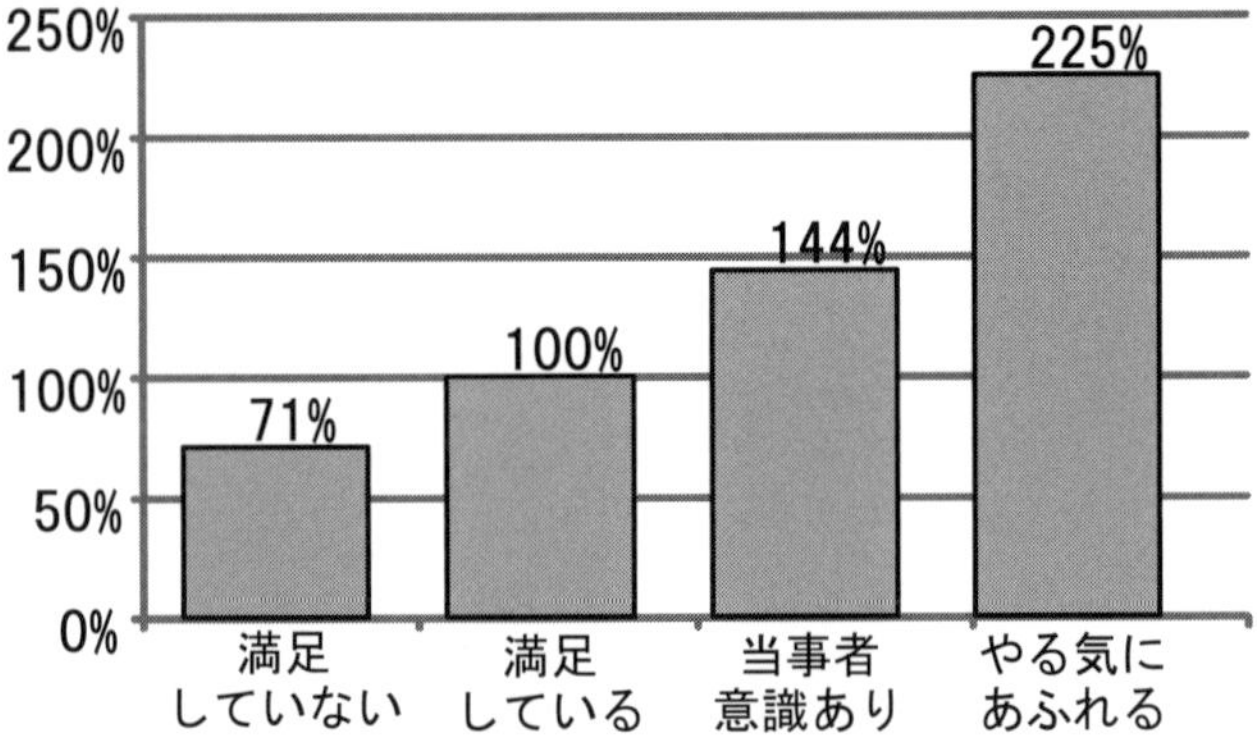

出所：「３人に１人の不満社員を奮起させるには」PRESIDENT Online

面白いデータがあります。アメリカのコンサルティング会社のベイン・アンド・カンパニーとプレジデント社が共同で調査した結果、やる気にあふれる社員の生産性は、現状に満足している社員の2・3倍、満足していない社員の3倍以上の生産性を上げているというのです。やる気にあふれる社員は、満足していない社員の３人分に当たるということです（図表30参照）。

社員の採用がままならない中、社員の「やる気」を高めることが、いかに効果的かがわかります。また、やる気に溢れる社員は、周囲にも好影響を与えます。他方、職場に満足していない不満社員は、周囲に不平、不満を発し、周囲のやる気を奪っていきます。

しかし、社長や上司が、いくら「やる気を出せ」と言ったところで、社員のやる気が上がるものでもありません。「やる気」を高める仕組み、仕掛けが必要です。

「やる気」を高める第一の方法は、前節で示した目的と目標を与えるということです。目標とは「目指すべきもの」であり、これがなければ、やる気の出しようもありません。

しかし、目標を与えただけでほったらかしでは社員のやる気にはつながりません。やはり、社員がその目標に向かって努力するのを周囲が支援することが必要です。また、その仕事ぶりを正当に評価し、処遇にも反映することも重要です。さらに、成長したいと思う社員に対し、能力向上の機会を与えることも必要です。

このうち、能力向上の機会については、次節で見ることとし、本節では、それ以外のポイントを確認していきます。

目標達成を支援する

部下の目標達成の支援は、主に管理職の役割です。人材の戦力化の柱に人事評価制度があると言いましたが、前章で述べたとおり、多くの会社が誤解しています。評価者である管理職の仕事は、評価を行うことであるという誤解です。もちろん、評価は行うのですが、それはあくまでも部下の育成のために行うものです。管理職の本来の仕事は、部下の目標達成の支援であり、それを通じた部下の成長の支援です。

目標達成の支援の第1は、前節でお伝えした目標設定の支援です。会社の経営理念やビジョン、目標と、自部署の目標をわかりやすく伝え、部下が使命感を持って、自身の成長につながる目標が設定できるように、指導・助言を与えます。

次に、期中は定期的に部下の目標の進捗を確認し、目標達成に向けて必要な指導・助言を与えます。また、日頃の部下の仕事ぶりについても観察し、能力の発揮や基本姿勢に関する指導・助言を与えます。さらに、指導・助言以外の日常のコミュニケーションも重要です。挨拶や声掛けといったコミュニケーションが、部下の安全欲求や帰属欲求を満たし、部下は安心して目標達成に取り組むことができます。

もう1つ、管理職が仕事に対する基本姿勢をお手本として率先垂範することも支援です。率先垂範というとハードルが高そうですが、決められたルールを守る、主体的に行動する、責任を持つ、他者を尊重する、プラス思考で考えるといった、第3章でお伝えした管理職の人間力を発揮することであり、自身の意思さえあれば難しいことではありません。

社長は、管理職が部下の成長の支援者であることを、しっかり管理職に認識させる必要があります。

正当に評価する

モチベーションを与える上で、社員が発揮した能力や成果をしっかり評価することが必要です。いくら社員が仕事を頑張っても、周りから何の反応もなければ、やる気を失ってしまうでしょう。やはり、頑張ったことを「よく頑張った」、十分でなかった部分についても、「もう一息だな」とか、「こうすればもっとよいのではないか」といった評価をもらえることで、自信が持てたり、改善につなげたりすることができます。正当な評価はモチベーションになります。

【図表31　正当な評価】

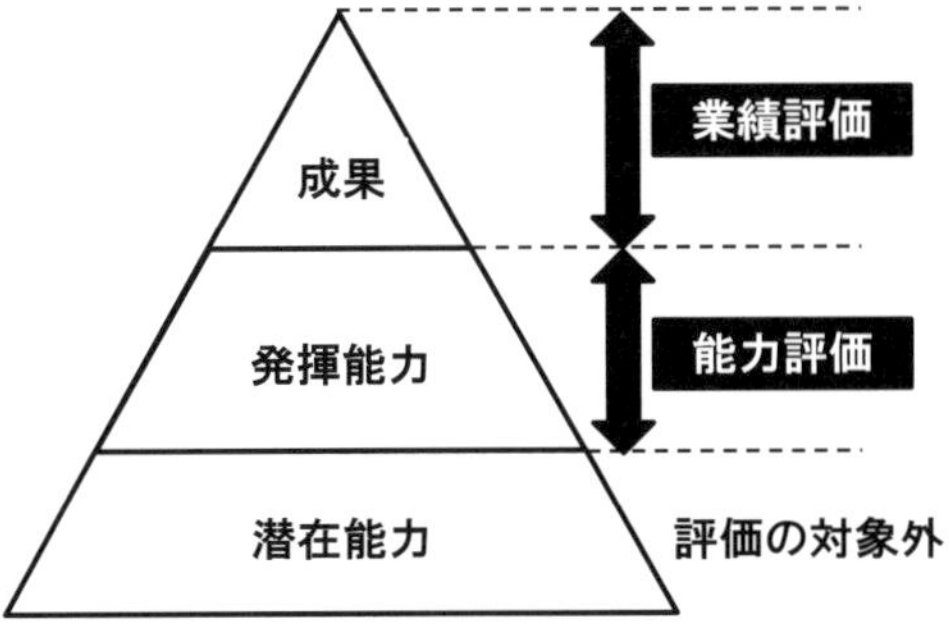

しかし、仕事ぶりを評価するといっても、ただ「頑張った」とか、「もう一息だった」というだけでは不十分です。成長につなげるために、業績評価と能力評価で具体的に評価するのです。

図表31は、成果を上げる過程と、２つの評価の位置づけを示しています。人は、様々な能力を持っています。これを潜在能力と言います。しかし、常に潜在能力がすべて行動として発揮されるわけではなく、そのうちの1部の能力が行動として発揮されます。それが発揮能力です。そして、能力を発揮した結果が成果となります。これが能力と成果の関係です。

評価では、まず成果を業績評価として、成果を上げる過程で発揮した能力を能力評価として評価します。育成の観点からは、成果は運不運があるのに対し、安定した発揮が期待できる能力評価が重要です。

具体的な評価方法ですが、業績評価は、各自が設定した目標に対する達成度を評価します。前節で成果目標は具体的にすると言いましたが、あいまいな目標だとこの評価が適切にできないのです。

一方、能力評価は、あらかじめ明示されている能力評価項目毎に評価します。

能力評価については、注意すべき点が２つあります。１点目は、評価の対象はあくまで発揮能力であって、潜在能力は評価の対象外ということです。2点目は、項目ごとの評価は感覚的に行うのではなく、部下の日常の仕事ぶりを観察し、具体的な事実に基づいて評価するということです。

こうした評価により、社員は、自分にどのような強みや弱みがあるのかを、具体的に知ることができます。より高い成果を上げるために、強みをこれまで以上に発揮しようとしたり、弱みを具体的に知り、改善につなげようとしたりすることで成長できるのです。

なお、成長につなげるためには、評価の納得性が不可欠です。そのためには、評価する人に対する信頼が必要です。その信頼は、目標達成の支援と正当な評価のための努力により生まれます。また、評価は、必ず自己評価も行います。それ自体が、自身の取組みに対する振返りになるとともに、上司の評価との相違をすり合わせができ、より納得性を高めることができるからです。

処遇に反映する

処遇とは、昇給や昇格、賞与を言います。これらを評価の結果に連動させて行うのです。ここで詳細を説明することはできませんが、業績評価、能力評価個々の結果を点数化した上で、階層ごとに設定したそれぞれの評価の重みづけに従って、総合評価を決めます。通常、能力の伸長を期待する中堅や若手の階層は能力評価を、より成果が求められる管理職は業績評価に高い重みづけを行います。

評価結果を処遇に反映するのには、2つの理由があります。まず1点目は、会社への貢献である成果や、成果を上げるために発揮した能力を、給与や賞与で報いることです。社員にとっては成長も大事ですが、やはりお金も大事です。２点目は、高い評価を得た社員をより高い役職に上げて、さらに能力を発揮して、高い成果を上げてもらうということです。適材適所です。

給与・賞与や昇格などは、社員の人生にとって重大事項です。不公平感を持たせないために、処遇のルールは、明確に決めておくことが必要です。中小企業の中には、社長が自身の感覚で、すべての社員の昇給額や昇進を決めているケースが少なからずあります。社長と接する機会が少ない社員からすると、やはり納得感に欠けます。評価は、やはり日常的に接する機会が多い直属上司が行うとともに、昇給ルールや賞与の配分ルール、昇格（降格）ルールを決めておくことが重要です。

最後に注意点があります。評価の結果を処遇に反映することは、本人のモチベーションに有効ですが、あまり格差をつけるとチームワークが損なわれたり、一般的な社員のモチベーションが損なわれたりする危険性があります。かつて「成果主義人事制度」がもてはやされた時期がありました。個々人の成果に評価の重点を置いた制度ですが、成果ばかりを重視した結果、チームワークが損なわれ、かえって業績が悪くなる会社が続出しました。また、一部の優秀な社員の昇給や賞与を大幅に引き上げた結果、他の多くの社員の意欲が低下するといったことも見られました。

金融など、個人の能力が業績に大きく影響する一部の業種には当てはまるにしても、多くの中小企業では、あまり格差をつけると弊害が大きくなります。仮に優秀な社員がいて、能力や成果については十分に評価するにしても、他の社員がいてチームワークがあるからこそ仕事ができるということも伝える必要があるでしょう。人事評価制度の目的の柱は、あくまでも人材育成でなければなりません。

【壁を突破する秘訣　その22】
適切な目標設定、期中の進捗管理と指導・助言、日常のコミュニケーションを通じて社員個々の目標達成を支援する。
【壁を突破する秘訣　その23】
社員の努力を事実に基づき正当に評価する。
【壁を突破する秘訣　その24】
評価結果を、明確なルールに基づき処遇に反映する。

4　教育機会を与える

計画的に育てる

多くの大企業は、充実した教育制度を持っています。新人が入ると、マナー教育などの新人研修に始まり、2年目、3年目と、年次に応じて、習得させたいスキルを学ぶ機会が与えられています。また、管理職になると、新任管理職研修、部長になると上級管理職研修など、実に多くの研修を実施しています。豊富な経営資源を持つ大企業でこそできる話で、多くの中小企業にとってはうらやましい限りですが、中小企業ならではのよい面もあります。

それは、社員の数が少なく、１人ひとりの顔が見える分、個々の社員に応じた指導、教育が可能だということです。また、社員が少ない分、多くの範囲の仕事を経験させることができるという面もあります。もっとも、経営資源が限られている分、工夫をして社員を育てていかなければなりません。

第２章でＰＤＣＡサイクルを紹介しましたが、工夫の第１が、計画的に育てるということです。効率的に成果を上げるためには、ＰＤＣＡサイクルを徹底することが重要と言いましたが、社員の育成においても同じです。つまり、よい計画の５Ｗ２Ｈを明確にした上で、計画的に仕事を与えることが必要です。

【図表32　OJTとOff-JT】

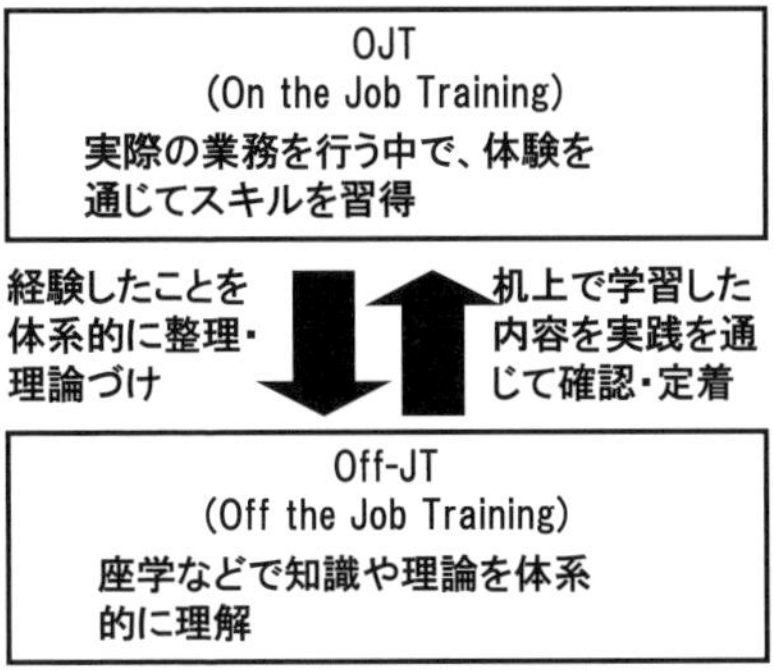
OJT
(On the Job Training)
実際の業務を行う中で、体験を通じてスキルを習得
経験したことを体系的に整理・理論づけ
机上で学習した内容を実践を通じて確認・定着
Off-JT
(Off the Job Training)
座学などで知識や理論を体系的に理解

また、教育方法は、大きくＯＪＴとＯＦＦ－ＪＴの２種類がありますが、習得してもらいたい知識やスキルの内容によって、これらを使い分けます（図表32参照）。

ＯＪＴとは、Ｏｎ ｔｈｅ Ｊｏｂ Ｔｒａｉｎｉｎｇの略で、職場で仕事を行いながら指導、育成する方法全般です。製造現場であれば、実際に加工や組立作業をやらせながら、具体的な手順や注意点を指導し、体験的にスキルを身につけさせます。

一方、Ｏｆｆ－ＪＴは、Ｏｆｆ ｔｈｅ Ｊｏｂ Ｔｒａｉｎｉｎｇの略で、職場を離れて集合研修などで、知識や考え方を習得する方法です。５Ｓや業務改善の方法、部下指導方法、コミュニケーション手法といったスキルを体系的に習得することなどがこれに当たります。

２つの方法は、補完関係にあります。ＯＪＴは、具体的なやり方を実践的に習得するのに適しているのに対し、その仕事の意味ややり方の背景、理論を体系的に学ぶには、ＯＦＦ‐ＪＴが適しています。２つを計画的に組み合わせながら知識や理論と実践の双方を習得させます。

社内研修にチャレンジする

基本的にＯＪＴは社内教育になりますが、Ｏｆｆ‐ＪＴを社内教育で行うことも有効です。それは、教わる社員だけでなく、講師役の社員にも成長できる機会が与えられるからです。

人に何かを教えるためには、教える内容が頭で整理できていなければなりません。また、質問に対応することを考えると、教えること以上の知識を持っていることが必要になります。一般に、効果的に人に教える場合、具体的に教えることの3倍の知識が必要と言われます。教える社員に、こうした知識を改めて整理する機会を与えることになります。

また、相手にわかってもらうためには、わかりやすく伝える必要があります。そこで、コミュニケーション能力を鍛える機会にもなるわけです。資料をつくるならば、資料作成能力も必要になります。

社内を見渡してみると、それぞれの専門分野では頼りになる社員がいることと思います。営業成績ならAさん、加工技術ならBさん、エクセルを使わせたらCさんというように、これはという社員を講師として、研修を実施するのです。

講師役の社員にとって、初めての経験であればプレッシャーを感じるかもしれません。また、自身が忙しい中、時間を割いて準備や研修に充てることに不満があるかもしれません。しかし、本人にとっても自身の新たな価値を感じることができ、モチベーションにもなります。

なお、自身のスキルやノウハウを教えるのに抵抗があるかも知れません。会社への貢献として、しっかり評価してあげることが重要です。手当を与えるというのも１つの手です。

社外研修を活用する

社内教育は、大きな効果が期待できますが、社員は指導・育成の専門教育を受けてきた人ではありません。専門家に任せたほうが効果的と思われるテーマや、社内にこれといった人材がどうしても見つからない場合は、社外研修を活用します。第３章で説明した管理職の基本スキルである、論理的思考、コミュニケーション、リーダーシップなどは社外研修がよいでしょう。その他、部下指導・育成に関する手法、文書作成手法など、汎用的なスキルは、社外研修が適しています。

社外研修は、費用がかかりますが、やはり餅は餅屋で、民間の研修会社から、様々な研修が提供されています。また、商工会議所や業界団体なども、低価格で基礎的な研修を提供しています。

なお、社外研修を活用する場合、２つ注意があります。１つ目は、研修を受ける社員に対して、研修が大事な仕事の一環であり、成果が求められるということをしっかり伝えておくことです。多くの受講者はまじめに研修に参加していますが、受講者の中には研修を息抜きと考えたり、ひどい場合には居眠りしている受講者がいたりします。

2点目は、社内に戻ってからのフォローです。社外研修でよく聞くのが、研修直後は新しい知識を得て、高揚感を持つのですが、いざ会社に戻ると日々の仕事に忙殺されて、学んだことがきれいさっぱり忘れ去られてしまうことです。そうなれば、研修にかけた時間と費用がムダになります。こうしたことを避けるために、社内できっちりとフォローすることが重要です。具体的には、研修で学んだことや職場で実践することを、報告書にまとめて提出させたり、その後も定期的に、実践状況と具体的な成果を報告させたりします。前項の社内研修の一環として、他の社員に説明させることも有効です。

会社には、ヒト、モノ、カネ、情報の4つの経営資源があります。このうち、他の経営資源を使ったり、生み出したりできる資源はヒトだけです。ヒトは、最も重要な経営資源なのです。中小企業はヒトにもっと投資する必要があると思います。

【壁を突破する秘訣　その25】

ＯＪＴとＯＦＦ－ＪＴを組み合わせ、計画的に育成する。

【壁を突破する秘訣　その26】

社員を講師とする社内研修にチャレンジさせる。

【壁を突破する秘訣　その27】

社外研修を活用して、汎用的なスキル習得の機会を与える。

第5章　非効率な業務推進の壁と突破する秘訣とは

1　「非効率な業務推進の壁」の正体

増殖する業務

いろいろな社長とお会いする中で感じるのは、中小企業の社長には、営業活動や製造活動といった業績に直結する業務には強いこだわりを示す一方で、社内の管理業務には興味が薄い方が多いということです。特に創業社長は、まず売りたい商品やサービス、実現したい技術を持って会社を立ち上げる方がほとんどだろうと思います。それこそ営業から仕入、商品の梱包から納品、請求、支払まで自身でやられた方であれば、それも当然かもしれません。

会社設立後、順調に会社が軌道に乗ってくると、個々の業務のボリュームが増え、営業や事務を1人、2人と増やしていきます。そうすると、就業規則も必要になってきますし、給与計算の業務も増えます。さらに事業が拡大してくると、営業や仕入、在庫管理、総務、経理など、業務ごと、担当ごとに分業が進んでいきます（図表33参照）。各部署を取りまとめる管理職も必要になってきます。

ところが、業務分担が細分化されてくるとともに、当然ながら業務間、担当間での連絡や調整業務が増えて、様々なルールが必要になってきます。また、情報共有や協議のために、いろいろな会議が増えてきます。その会議のための資料の作成も必要になります。福利厚生も考えなくてはなり

【図表33　増殖する業務】

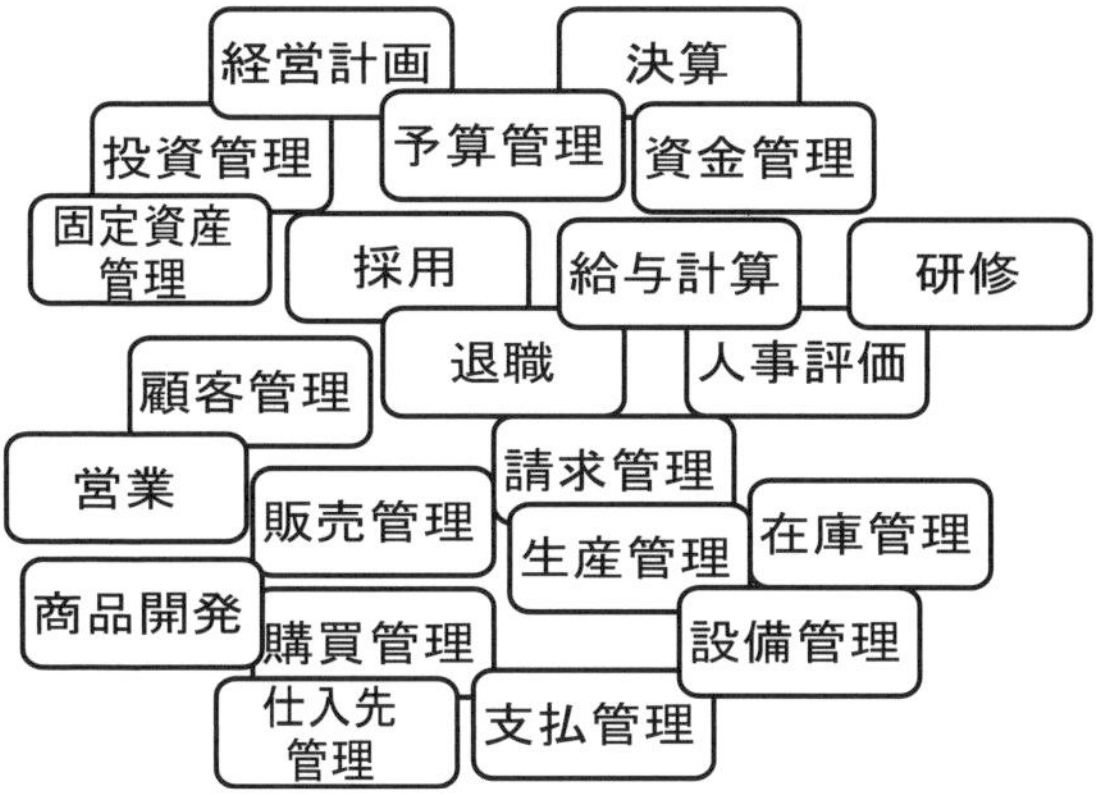

ません。融資のための銀行対応も必要です。会社が大きくなることは嬉しいことなのですが、一方で管理業務や事務作業がどんどん増えてきます。

また、分業が進み、部署間、担当者間の連絡や調整業務が増えると、連携ミスや意見の衝突なども増えてきます。それらの対応にまた時間が割かれることになります。

この間、適度なタイミングで業務やルールの見直し、ＩＴ化などを進めていけばよいのでしょうが、多くの場合、やはり売上優先、営業優先で、事務作業や管理業務の効率化が、後手になってしまいます。

パソコンやメール、会計ソフトや給与ソフトの導入など、断片的にＩＴ化は進めるものの対症療法的であり、やはり多くの業務が人力に頼ることになります。かといって、そうそう人を増やすこともできず、業務のいたるところで様々な非効率を生じます。

この業務処理の限界が、さらなる成長の足かせになります。

非効率なコミュニケーション

非効率の第1は、社内のコミュニケーションです。社内のコミュニケーションといってもいろいろありますが、ここでは、1対1のコミュニケーション、業務連携、それと会議の非効率を取り上げます。

■1対1のコミュニケーション

コミュニケーションと聞いて一番思い浮かべやすいものでしょう。会社においては、仕事の指示や報連相があります。1対1のコミュニケーションにも様々な非効率があります。具体例を挙げます。

・仕事の指示が不適切で、作業の手戻りが発生する。
・報告が要領を得ず、理解するのに時間がかかる。また、内容を誤解し、誤った指示をする。
・連絡事項が徹底されず、再確認などの後追い作業に時間がとられる。
・相談にくるのはよいが、何がわからないのかわからず、話がかみ合わない。

■業務連携

担当者間や部署間の連携でも、多くの非効率が発生しています。業務連携というのは、具体的には関連する業務でやり取りする情報と、そのタイミングを言います。業務の前工程は、後工程が効率よく正確な処理を行えるように、必要な情報を必要なタイミングで伝達することが求められますが、その情報が不足していたり内容に誤りがあると、情報の再確認の手間が生じたり、誤った情報のまま作業を行って、大きな手戻りが発生したりします。

例えば、受注情報が、製造部門や調達部門、出荷部門に正確に伝わらないと、納期遅れや欠品、誤納品が生じ、その対応に時間がとられます。また、情報伝達のタイミングが遅れると、手待ちが発生したり、見切りで作業した結果、手戻りが発生したりするようなロスが生じます。

■会議

コミュニケーションの非効率の代表に会議があります。コンサルティングや研修で、自分達の職場にある非効率を挙げてもらうと、ほぼ例外なく挙げられるのが会議です。会議の非効率については、思い当たるという方も多いのではないでしょうか。「ダラダラと長いだけで何も決まらない」、「質問してもほとんど意見が出てこない」、「何のための会議なのかよくわからない」、「話がすぐ脱線する」、「決まったはずのことが蒸し返される」などなど、不満のオンパレードです。

ただ、会議に参加していると、何か仕事をやったような錯覚に陥ってしまうのも不思議なことです。しかし、会議が終わった後に、具体的な動きにつながらなければ、そこに費やした時間はムダになります。

会議についてもう1つ言えるのは、逆に必要な会議が行われないことの非効率です。ある会社では、部署内の会議が一切ないところがありました。それぞれの担当者の仕事は決まっており、来る日も来る日も、各自が自身の担当業務を処理している状況でした。同じ部署にいながら、他のメンバーが何をやっているかもわからない中で、お互いの協力もなく、業務負荷にも偏りがありました。

問合せがあっても、担当者にしかわからず、その担当者を探しても、見つからないといったことがしばしばです。これでは組織で仕事をすることによる効率は上がりません。

ＩＴ活用度の低さ

もう1つ、多くの中小企業で非効率と感じるのは、ＩＴ活用度の低さです。ＩＴリテラシーという言葉がありますが、コンピュータやインターネットなどの情報技術を活用する知識や技能のことを言います。ＩＴ化が進んだ現代において、社内のあらゆる業務をすべて手作業で行っているという会社は少ないと思います。ほとんどの会社で、エクセルやワード、メールソフトなどがインストールされたパソコンが、1人に1台割り当てられているというのが当たり前です。

ＩＴリテラシーの高い人は、これらのツールを活用して、報告書や会議資料、提案書の作成、スケジュール管理など、効率的に作業を行っています。私が新人として会社に入った頃は、ようやくワープロが広まりつつあった時代で、特に事務作業や書類作成に関する効率は、当時から劇的に向上しました。

しかし、中小企業には、こうしたツールをうまく使いこなせず、あたかも30年前と同じような仕事をしている社員がまだまだ大勢います。パソコンを使うことで、自身の業務も効率化できるはずですが、特に中高年の社員の中にはパソコンアレルギーとも言えそうな方が少なからずいます。

ＩＴリテラシーにバラツキがある会社では、個人の業務効率にとどまらず、組織全体の効率にも影響を与えます。ある会社で、アンケート調査を行う際、分析の効率を考え、パソコン上に用意したエクセルシートに各自入力してもらうことを検討しましたが、パソコン操作に不慣れな社員が、自由記述欄に入力できないという理由で、結局紙ベースで実施しました。効率性の違いについてご理解いただけると思います。

また、中小企業の中には、基幹業務のシステム化が不十分な会社もあります。もちろん、コストの問題もありますが、それ以上に情報システムの効果に対する理解が不足しているように感じます。十分な投資余力がありながら、システム化が遅れている会社が多いからです。勝手な推測ですが、そもそも「システムは高い」という意識があって、投資の選択肢にならないため、本腰を入れた検討にいたらないのかも知れません。

さらに、システム化にはそれなりに時間がかかる上、システムの選定や構築の手順がわからないといった理由もあるかも知れません。その結果、業務の多くが人手に頼ることになり、処理手順は属人化されて、標準化やルール化が進みません。マニュアル類が少ないことも、多くの中小企業の特徴です。

一方で、今話題のＡＩツールも取り入れて、どんどん社内業務の効率化を図っている会社もあります。三重県で食堂や食品雑貨店を営む創業百年の老舗、ゑびやという会社は、ＡＩを活用して独自の来店予測システムを開発し、高い予測的中率で、売上を4倍に、営業利益率を10倍に上げたそうです。最初はエクセルの活用などから経営情報の見える化をスタートし、その後は画像認識から来店客を分析するシステムや、来客データ、ＰＯＳデータなど各種のデータをもとに、来客数や売上を予測するシステムの開発を行いました。これにより、業務時間の短縮や、廃棄コストの削減ができるようになり、売上と利益を拡大したのです。

こうした会社がある一方で、社内にＩＴに関心を持つ社員が少ない会社では、メールの活用も十分ではなく、ワープロ入力にすら時間がかかる社員が少なからずいる会社もあります。ＩＴ活用度が、会社の生産性を大きく左右します。

非効率な業務推進の壁を突破する

中小企業の業務の非効率は、大きくコミュニケーションとIT活用度の低さが原因と言いました。コミュニケーションを円滑にし、業務の標準化を進めた上で、ＩＴを活用することで大きな改善が期待できます。そのために、強調したいのが、第1章で説明した「大局的視点」と「見える化」です。

大局的視点とは、目的を明確にした上で、対象を時間的、空間的に大きく捉えることですが、業務改善では、単に個々の業務の効率化を個別に考えるのではなく、連動する一連の業務を1つの大きな業務の塊として捉え、その塊全体の目的を明確にした上で、効率化を図る視点が重要です。この連動した業務の塊のことを業務プロセスといいます。もう30年ほど前になりますが、ＢＰＲ（ビジネスプロセスリエンジニアリング）という手法が広まりました。昔からある考え方の焼直しのような経営手法も散見される中で、この手法は、極めて有効であり、かつ実用的です。

【図表 34　バリューチェーン】

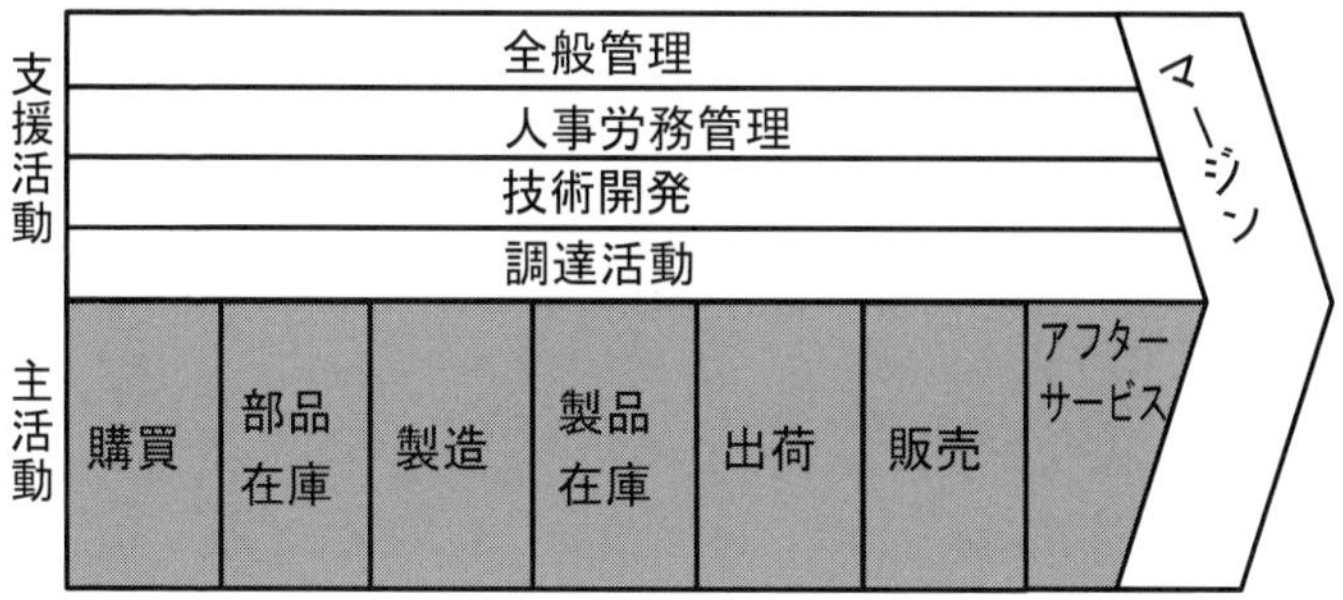

また、業務を改善するためには、「見える化」が必要です。見えないものを考えることはできないからです。現状、どのような業務がどのように行われていて、どこにどの程度の非効率があるのかを「見える化」するのです。会社の成長に合わせて増殖していった業務に対し、どこでどのような業務がどのようなルールで行われているかが、社内の誰もわからない状態になっている会社は多いと思います。

かつて、ある食品輸入商社の業務改革のコンサルティングにかかわったときに、現状分析で業務の「見える化」を行ったところ、社長から、「井原さんが一番わが社の業務をわかっているよね」と言われたことが強く印象に残っています。今も多くの中小企業の実態なのだろうと思います。

「見える化」の対象は、まず業務プロセスの種類と、プロセスごとの業務の流れです。業務プロセスの種類をわかりやすく図解したものが、バリューチェーンというフレームワークです（図表34参照）。マイケル・ポーターという経営学者が考案したものですが、経営活動を「大局的」に「見える化」するもので、自社の活動をわかりやすく把握することができます。例示したバリューチェーンは在庫生産型の製造業の例です。業種によって多少異なりますが、ぜひ皆さんの会社のバリューチェーンをつくってみてください。

簡単に解説すると、経営活動は、大きく主活動と支援活動に分かれます。主活動は、顧客に提供する価値を創造する流れを示しています。支援活動は主活動を円滑に進めるための活動です。全般管理や人事労務管理、設備調達などの業務プロセスがあります。全般管理には、経営戦略・計画策定・推進や、投資、資金繰り管理といった業務が含まれます。

「大局的視点」と「見える化」により、非効率が浮彫りになります。これらを改善することで、効率のよい業務プロセスの構築が可能になります。

2 現状を「見える化」する

正しい業務改善の進め方

様々な会社で様々な業務改善が行われています。しかし、笛吹けど踊らずで、社長が現場にハッパをかけるものの、なかなか効果が上がらない例も多いようです。その理由は大きく2つあります。

1つは、業務改善の進め方が誤っていること、そしてもう1つが、第3章で解説した、関係する社員の当事者意識の問題です。

まず、進め方ですが、業務改善を成功させるためには、セオリーどおりにやる必要があります。休憩時間に消灯するなど、単純な業務改善を除き、セオリーを無視すると、業務改善は失敗します。

よくあるのが、問題点を見つけると、すぐに行動に移そうとすることです。売上が落ちると、「売上を上げろ」、クレームが増えると、「クレームを減らせ」、過剰在庫になると「在庫を減らせ」など、かけ声はよいのですが、担当者にとってみれば、いったい何をどうすれば改善できるのかわからないまま、「頑張ります」といって頑張ります。今まで頑張っていなかったのであれば、成果が上がるかも知れませんが、それはそれで問題です。担当者は、これまでも頑張ってきたわけですから、状況が改善されるはずもありません。場合によっては、そうした指示が不信感となって、やる気を下げる結果にもなりかねません。

業務改善で、具体的な成果を上げるためのセオリーとは、図表35の５つのステップを、上から順番にかつ確実に実行することです。

■問題発見

非効率な業務を見つけます。これがスタートです。

■現状分析

この作業が重要です。現状分析の目的は２つあります。１つは、問題の悪さ加減を明確にすること。そしてもう１つが、その問題が生じている根本的な原因を明らかにすることです。

■課題と目標設定

【図表 35　業務改善の手順】

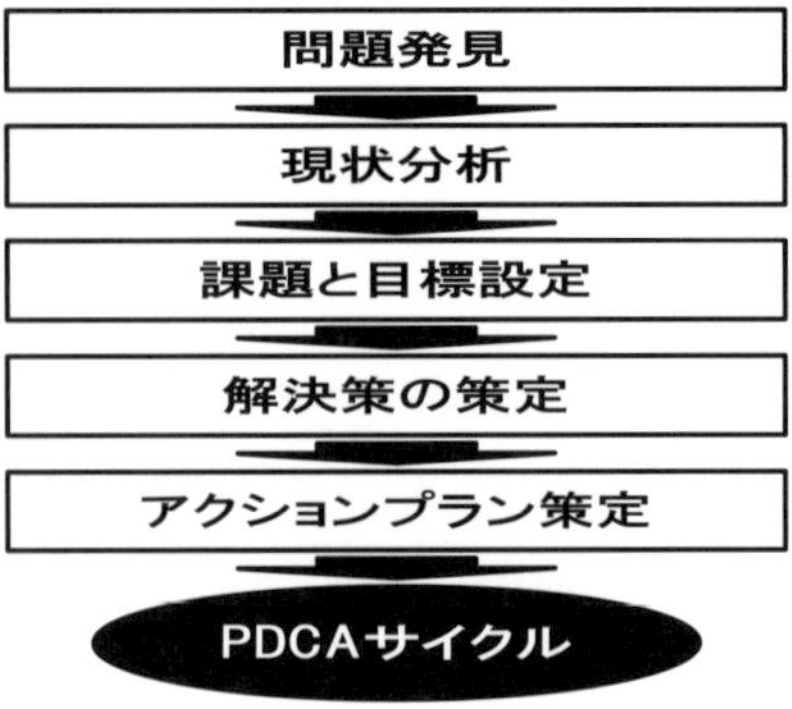

問題の原因が特定できたら、解決すべきテーマを決めます。これが課題です。また、その課題を解決することによって目指す改善目標を設定します。

■解決策の策定

現状と目標のギャップを埋めるための具体的な解決策を考えます。

■アクション・プランの策定

解決策を実行するための作業スケジュールを策定します。

この手順で行った作業の結果を、計画にまとめて関係者で共有し、ＰＤＣＡサイクルに沿って取り組みます。これが、業務改善で、最も効率的かつ確実に成果をあげる定石です。

このステップのうち、一番重要なのが現状分析です。現状分析は、問題の悪さ加減の明確化と、根本原因を特定する作業です。問題の悪さ加減が明確にされないと、問題として認識、共有することができません。また、目標は実現可能なものである必要がありますが、その妥当性も判断できません。

なお、根本原因の認識に誤りがあれば、いくら改善の努力をしたところで成果にはつながりません。残業を例にとれば、残業発生の原因が、担当者のスキルの低さにあるのか、業務連携の悪さにあるのか、あるいは業務量そのものが多いのかによって、とるべき対策は全く異なります。本項の冒頭で、多くの職場で業務改善の効果が出ていないといいましたが、その原因の第1は、この現状分析が不十分であることです。

効果が上がらない2つ目の理由が、関係する社員の当事者意識の問題です。基本的には、業務改善のセオリーに沿って取組みを進める中で、問題意識が共有され、改善に対する当事者意識も高められます。しかし、それでもうまくいかない場合があります。それが組織風土です。問題発見から現状分析にいたる最初のステップで、業務改善のセオリーが止まってしまうのです。これは次章で解説します。

現状の業務のやり方がベストではない

業務改善を進める上で認識しておく重要なことは、社員個々が実施している、様々な業務のすべてで、今のやり方を疑うということです。最新のＡＩ技術を使って効率的な業務を行っているなど、一部の業務は別として、ほぼすべての業務が、ベストのやり方ではないと認識する必要があります。

中には、日々の仕事に追われる中、「こうしたらもっと効率はよくなるのに」と思っている社員もいるかも知れません。できる範囲で改善している社員もいると思います。それでもまだ改善は可能です。そうしたことを考えることもなく、最初に教わったやり方のまま、作業し続けている社員もいるのです。

社員の費やす時間はコストです。非効率な業務をやり続けていることで、膨大なコストが発生しているということを知っていただく必要があります。これが業務の非効率な壁を突破するスタートです。

そのことを認識した上で、業務の効率化に取り組む際、多くの会社がとまどうことは、まずどこから手をつければよいのかということです。仕事の効率が悪く、ムダなコストが発生していることはわかったけれど、いったいどうすれば改善できるのかがわからないということです。前述しましたが、問題を発見したときに、ついすぐに「どうすればいいのか」という思考になりがちです。それで答えがわかるのなら簡単ですし、そういう問題であれば、すでに解決しています。

業務の非効率を改善するためには、非効率の実態を把握した上で、なぜその非効率が発生しているのか、その原因を明らかにする必要があります。原因を明らかにして、その原因を除去する対策を打つことで業務は改善されます。そして非効率の実態と原因を明らかにするためには、業務を「見える化」する必要があります。

見えないものは考えられない

「見える化」というのは、その言葉どおり、考える対象を目に見えるようにすることです。つまり、

【図表 36　業務フローの例（購買管理）】

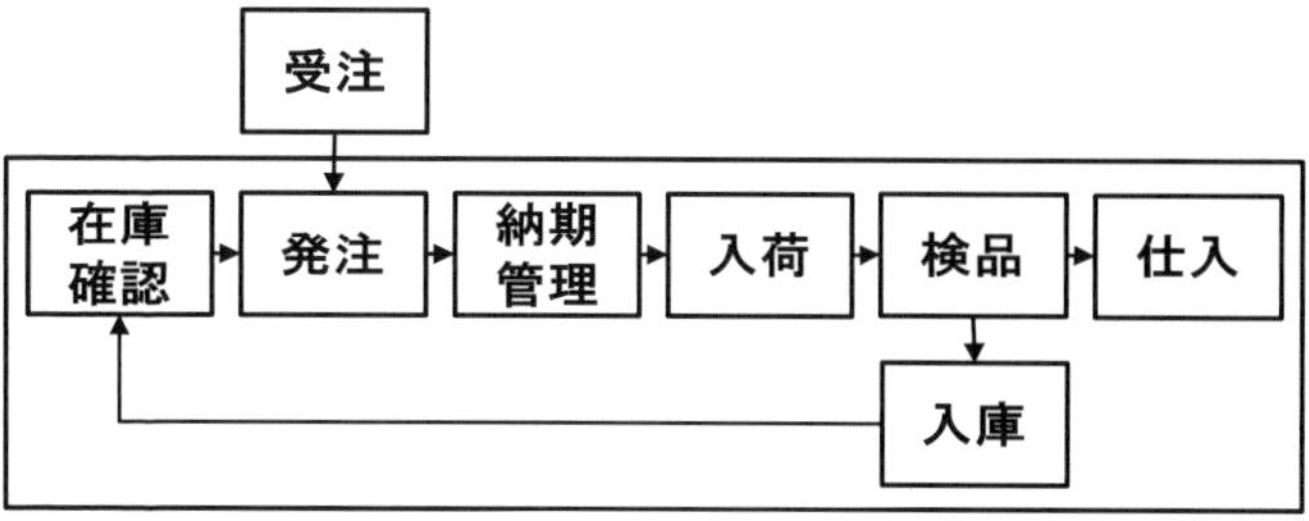

文章や図解で示すことです。では、どのようにして「見える化」を進めるのでしょうか。

まず、「見える化」するのは、非効率が生じている業務の流れと個々の業務の作業手順です。担当者が、普段、体で覚え、無意識にやっている仕事の流れを、1つひとつ思い出しながら紙に図解するのです。業務フローとかフローチャートとか言われるものです。このフローチャートをじっくり見ていくことで、その流れの中のどこで、どんな非効率があるのかを具体的に見つけることができます。図表36は、図表33のバリューチェーンにおける購買プロセスの業務フローの例です。実際の分析では、図表36の中で非効率が発生している業務（各ボックス）について、さらに作業手順を「見える化」します。

ここまで「見える化」すれば、たいてい改善できそうな問題点が見つかります。問題点を探す上で役に立つフレームワークが「安正早楽」です。問題点を探す4つの視点です（図表37参照）。

●安：もっと安くできないか。またはもっと安全にできないか。
●正：もっと正確にできないか。
●早：もっと早くできないか。

【図表37　改善テーマを見つける視点】

安	コスト削減、安全性向上
正	正確性向上
早	早期化
楽	簡素化

●楽：もっと効率的にできないか。

業務フローの各業務や作業手順を４つの視点で個々にじっくり考えていくと、必ずと言ってよいほど改善すべき業務や作業が見えてきます。

非効率のもととなっている業務が見つかれば、次にその業務がなぜ非効率になっているのかを考えるのです。原因はいろいろ考えられますが、それを見つけ出すフレームワークとして知られている４Ｍを紹介します。

４Ｍとは、問題の原因を洗い出す際のキーワードの頭文字をとったものです。個々の問題点に対し、４つの領域から原因を洗い出していきます（図表38参照）。

●Ｍａｎ：人…担当者の知識やスキル不足、ポカミス、モチベーションなど。

●Ｍａｃｈｉｎｅ：設備・機械…設備や機材の性能不足、故障など。

●Ｍａｔｅｒｉａｌ：材料、情報…原材料の品質不良、欠品、作業のもととなる情報不足、精度不足、提供時期の遅れなど。

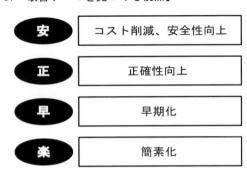

【図表38　原因を見つける視点】

Man　：人的な原因
Machine：設備的な原因
Material：材料(情報)による原因
Method：手順、手法による原因

●Ｍｅｔｈｏｄ：作業手順、方法…作業手順が複雑、冗長、参照資料が未整備、ルールがあいまいなど。

４Ｍは、もともと製造現場の業務分析のフレームワークとして使われてきたものですが、事務作業にも十分応用できます。４つの視点で効率が悪い作業の原因を考えることで、主要な原因が見えてきます。

前述のとおり、現状分析は、効果的に業務改善を行う上で最も重要なステップです。根本的な原因を見つけられれば、業務改善は８割がた成功したと言っても大げさではないでしょう。

個々の業務の目的を「見える化」する

本書では、度々、目的の重要性をお伝えしていますが、業務についても同じです。どんな業務にも目的があります(図表39参照)。その目的を明確にすることによって、単に非効率を探っていくよりも、突っ込んだ分析が可能になります。その業務の目的を、全く別の方法で実現することもあり得ますし、目的がよくわからない業務は、廃止することもあり得ます。

【図表39　正しい業務目的の設定（例）】

業務	誤った目的（例）	正しい目的（例）
営業	売上を上げる	多くの顧客に、顧客の課題解決策を適正価格、納期で提供する
製造	製品をつくる	顧客の課題を解決する製品を適正コスト、納期で製造する
経理	伝票を処理する	外部や経営層に、正しい経営情報を迅速に提供する
人事	労務管理	社員にとって、能力を発揮し、働きがいのある環境を提供する

会議を例に取りましょう。前節で触れたとおり、非効率で、必ずと言っていいほど取り上げられるのが会議です。

その原因の第1は、そもそもの会議の目的が明確になっていないことです。例えば、情報共有が目的であれば、出席者に共有してほしい情報、会議終了後の出席者の状態を明確にする必要があります。その上で、進め方や所要時間、伝達範囲、準備資料、フォローの要否などを考える必要があります。単純な内容であれば、会議ではなくメールや回覧で足りるのかも知れません。

第2章でお伝えしたとおり、組織は、共通の目的・目標の実現のために活動しています。すべての活動は、その目的・目標の実現のために行われているのです。したがって、すべての業務の目的は、共通の目的・目標と紐づいているはずです。これを理解している担当者は、使命感を持つことができますし、業務目的を理解した上で、改善策を考えることもできます。これが「大局的視点」

です。

経営理念やビジョンを浸透させるということは、社員がこれらの観点から、自分たちの業務を捉え直すことにつながるのです。

【壁を突破する秘訣　その28】
業務改善は正しい手順を踏んで行う。

【壁を突破する秘訣　その29】
現状の業務のやり方をまず疑う。

【壁を突破する秘訣　その30】
業務、作業を「見える化」して問題点と原因を突き止める。

【壁を突破する秘訣　その31】
業務の目的を明確にする。

3　ゼロベースで業務を見直す

大局的視点で改善テーマを決める

業務改善といっても、その範囲や規模は様々です。社員個々が、日常の業務の合間を縫って自身の担当業務を見直す業務改善もあれば、業務改革レベルでは、営業活動から受発注、製造、販売、請求、回収までのプロセス全体の効率を最適化するものまであります。これは、いわゆるBPRという手法で、業務プロセス全体を1つの仕組みとして見直します。1年以上かけて行うケースもあります。

業務改善にせよ、業務改革にせよ、大局的視点が必要です。業務に対する大局的視点とは、業務の目的を踏まえて改善策を考えるということです。今の業務のやり方は1度わきに置いて、現状の問題点の原因を解決する、業務の「あるべき姿」をゼロベースで考えます。

そのイメージが描けたら、現状の業務と比較してギャップを明確にします。そのギャップが課題であり、ギャップを埋める方法が解決策です。解決策も、原因分析で使用した4Mのフレームワークが有効です。すなわち、解決策を人の視点、設備・機械の視点、原材料や情報の視点、作業方法の視点で検討するのです。

検討の結果、どうしても解決策が見つからないか、見つかったとしても効果や難易度の視点から実現が適切でないと判断される場合には、「あるべき姿」を見直します。課題と解決策が決まれば、解決策の具体的な実行手順を考えて、アクション・プランに落とし込みます。

なお、改善テーマは、優先順位を考えて決めます。優先順位を決める判断基準は、図表40の3つです。

第1に、ビジョンとの関連性です。ビジョンとの関連性が強いほうが、当然優先順位は高くなります。2番目に、改善による期待効果です。通常、取組範囲が大きいほど、効果も大きくなります。

【図表40　課題の優先順位】

ビジョンとの関連性
改善による期待効果
難易度

そして3番目が難易度です。効果が大きいのはよいのですが、やはり人的、資金的な制約もあります。無理な取組みをして、失敗しては元も子もありません。自社の体力も見極めて優先順位決めることが重要です。通常、改善の影響範囲が大きいほど、関係する社員が多くなるため、難易度は高くなります。つまり、担当者個人の判断でできる取組みの難易度が最も容易であり、部門をまたがる取組みの難易度は高くなり、期待効果とは反比例します。

もう1点、注意すべきこととして、改善対象ではない業務への影響を考えておく必要があります。対象範囲の効率は上がったけれども、他の業務が非効率になったというのでは意味がありません。大局的視点が必要です。

それでは、レベルに応じた取組方を見ていきましょう。

職場レベルで改善する

まずは職場レベルの改善です。ここで職場というのは、主に課単位をイメージしていますが、係内やチーム内もありますので、本項ではその長をリーダーと呼びます。

【図表41　業務棚卸表（例）】

業務名		内容	担当
大項目	小項目		
販売管理	営業	・部署の計画策定・進捗管理・部署間調整	A係長
	営業	・A、B・・・M社営業担当 ・○○地区新規開拓	B氏
	営業	・O、P・・・Z社営業担当 ・△△地区新規開拓	C氏
	営業事務	・受注登録・請求書発行 ・回収チェック	D氏
庶務	ー	・連絡物回覧・備品管理 ・議事録共有	D氏

職場レベルの改善と言っても、個々の担当者レベルの改善もあれば、複数の担当者が関連する業務の改善、あるいは他部署にも影響する業務の改善があります。

まず、前提として、リーダーは、自部署で行われている業務と担当者を把握していなければなりません。自部署の業務の「見える化」です。これは、業務改善だけでなく、業務分担など、職場の運営上必要です。ますリーダーは、自部署の業務の棚卸をして、自部署の業務を把握します（図表41参照）。

その上で、担当者レベルの改善は、基本的には担当者の主体性を尊重します。ただし、担当者が勝手に判断して実施した結果、他の担当者に悪影響を与えることになったり、職場の目標を達成する上での優先順位もあったりしますから、リーダーが判断し、承認を与えるようにします。

また、職場の目標を達成する上で、特定の担当者の業務改善が必要な場合には、リーダーから担当者に検討を依頼します。担当者が主体的に設定した場合も含め、業務改善テーマは、業績評価の個人目標の1つに加え、その進捗をリーダーとともに定期的にチェックします。そのことで、担当者のモチベーションにもなり、成果が期待できます。

次に、部署内の複数の担当者が関係する業務の改善です。担当者レベルの改善より難しいのは、複数のメンバーで進めるということです。具体的には2点あります。

1点目は、その改善テーマの重要性に対する、関係する部下の合意形成です。リーダーは、会社のビジョンおよび自身が属する上位部門の目標をメンバーに伝え、理解を得る必要があります。その上で、なぜその業務改善が必要なのかを部下にも理解させる必要があります。

2点目は、進捗管理です。具体的な作業スケジュールを作成、共有した上で、作業分担を決めます。また、定期的にミーティングを行い、進捗状況の確認や課題に対する対策の検討を行います。この場合も目標管理が有効です。リーダーの個人目標にするとともに、メンバー個々の担当業務を個々のメンバーの個人目標にします。

他部署に影響する業務であれば、事前に説明し了解を得ておく必要があります。

全社レベルで改革する

次に、全社レベルの改善です。改善というよりも改革といったほうが適切でしょう。この取組みに選定されるテーマは、ビジョンの実現に大きな影響を与えるものです。図表42に全社レベルの改

【図表42　業務改革テーマ例】

- 納期短縮
- 製造コスト削減
- 不良・クレームの削減
- 在庫削減
- 新製品開発効率向上
- 経営管理体制の高度化

革テーマ例を掲げておきます。

まず、全社的な改革はプロジェクトで実施します。本来、業務の片手間で実施するレベルではありません。それこそ大企業であれば、専任メンバーで取り組むところですが、さすがに多くの中小企業ではそこまでの体力がないのが通常です。私も中小企業の業務改革プロジェクトにかかわってきましたが、プロジェクトメンバーはすべて部門業務との兼務でした。また、多くの場合、次節で解説する情報システムの導入や見直しも含めた取組みになります。

プロジェクトリーダーは、改革の対象範囲にもよりますが、基本的には社長が務められるのがよいと思います。プロジェクトリーダーは、プロジェクトで検討してきた決定事項を承認します。

プロジェクトの進め方も工夫が必要です。初めから多くのメンバーを集めて検討を始めようとしても、何から検討してよいのかも明確になっていないことには、メン

【図表43　業務改革の進め方】

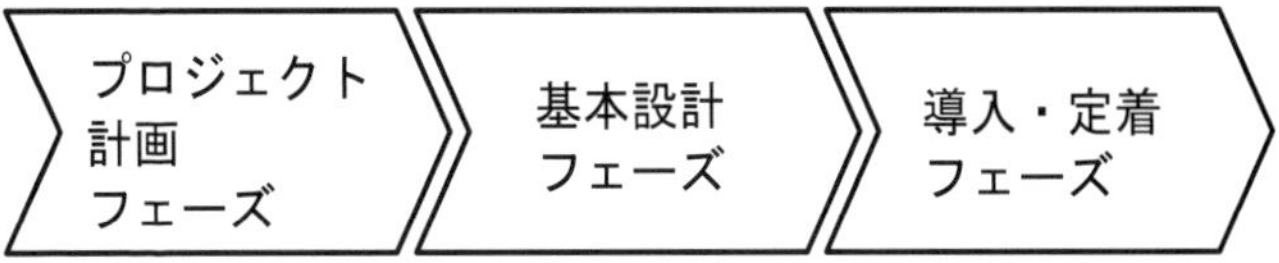

バーが混乱するだけです。大きな取組みでは、プロジェクト全体を2つないし3つのフェーズ（ステップ）に分けて進めます。

3つに分ける場合には、①プロジェクト計画フェーズ、②基本設計フェーズ、③実行フェーズのように分けます（図表43参照）。

①　プロジェクト計画フェーズ

名前のとおり、プロジェクトで何をやるのかを明確にするフェーズです。ここでの主要作業は、現状分析です。前述しましたが、対象領域の現状の問題点と原因を明確にした上で、より具体的なテーマを設定します。また、課題ごとの目標や推進体制、基本設計フェーズのスケジュールをつくります。プロジェクトメンバーは、分析の実務を行うメンバーを中心に選定します。

②　基本設計フェーズ

テーマが決まったら、まず解決後のあるべき姿を描いた上で、それを実現するための具体的な解決策を検討し、導入・定着フェーズのスケジュールをつくります。

プロジェクトメンバーは、プロジェクト計画フェーズのメンバーに加え、課題に関連した業務にかかわる社員の代表を選出します。

③　導入・定着フェーズ

個々の解決策を詳細化し、順次実務に導入していきます。導入の際は、プロジェクトメンバーにより、対象部署に対する説明会を行い、実務担当者の理解を深めます。対象範囲が広い場合には、部分的に試行を行うなど、現場の混乱を最小限にします。

また、導入後は、運用状況をモニタリングし、必要な微修正を行いながら、定着を図ります。


実際に、こうした全社的な改革を社内のメンバーだけで進めるのには限界があると思います。手前みそになって恐縮ですが、やはり、こうした業務改革の経験が豊富なコンサルタントを活用することをおすすめします。

具体的なプロジェクトのつくり方から、プロジェクトの進め方、現状分析、課題設定と解決策の提案、会議の運営など、様々なノウハウの提供を求めることで、確実な進捗が期待できます。ただし、重要なことは、主役はあくまでも皆さんだということです。大局的視点と当事者意識を持って、コンサルタントにはあくまでも自社に不足する部分を補う役割を担ってもらいましょう。

なお、プロジェクトの進め方は、2~3のフェーズに分けて進めると言いましたが、コンサルタントを活用する場合には、フェーズごとの契約とします。

全社レベルの改革には大きなエネルギーを必要としますが、同時に大きな効果が期待できます。

会議を効率化する

本節の最後に、多くの会社で非効率と言われている会議について触れておきます。私もいろいろな会社で会議に参加させていただきますが、実際、非効率だと感じることは多々あります。

会議は、本来、組織が組織として一体的に運営されるために不可欠のものです。まず、年度計画立案から実行にいたる全社のＰＤＣＡサイクルを回す会議は、会社の根幹です。また、本章の業務改善、改革でもＰＤＣＡサイクルを回すための会議は欠かせません。

会議が非効率と言われる原因は大きく２つあります。１つは、会議そのものに意味がないというものです。そして、もう１つが会議自体には本来意味があるものの、運営がまずくて目的が達成できていないということです。会議の効率化を進めていく上では、この２つの観点から検討する必要があります。

会議の効率化の第一歩は、現在、全社および各部署で行われている会議をすべて棚卸することです。これも「見える化」です。その上で、それぞれの会議の目的を確認し、目的がはっきりしないものについて、この会議をやめたらどんな不都合が生じるのかを考え、残すのか廃止するのかを決定します。

次に、目的があると認められた会議については、その目的を達成するために、会議以外の他の方法がないかを検討します。

例えば、会社の通達事項の共有が目的であれば、メールで代替できないか、あるいは他の会議の中で代替することができないかを検討し、代替策があれば廃止します。

この２つの作業を経て、必要と判断された会議については、運営方法を見直します。効率的に会

【図表44　効率的な会議のポイント】

- **目的とゴールの明確化**
- **事前準備の徹底**
- **適切な議事運営**

議を行うポイントは、図表44の3つです。

まず、1点目は、目的とゴールの明確化です。目的は、要否の検討の段階で明確にされました。したがって、ゴールを明確にするのです。

どんな会議でも、会議終了時点で何を達成するのかを明確にすることで、会議の内容が明確になり、効率が上がります。

2点目は、事前準備です。これで会議の効率は大きく改善します。そのゴールにたどり着くために、どんな資料が必要なのかを考え、事前に準備をしておきます。定例会議で前回議事録の読合せを行うことがありますが、時間のムダの代表です。議事録は、参加者に対して常に事前配付・事前確認をルールとします。会議では、議事録に対する質問事項のみ確認します。その他、討議に必要な資料も事前配付、事前確認を徹底し、会議は、参加者全員がいなければできない内容に絞ります。

そして、3点目が議事運営です。ここで質の高い議論と納得性のある結論を得ます。会議の進行役の役割が重要ですが、少しテクニックが必要です。

まず、シナリオに沿った会議の進行です。冒頭に会議の目的とゴール、進め方を伝え、それに沿って議事を進行します。次いでコミュニケーションの促進です。参加者から議事のテーマに関する意見を引き出します。

一方で、しゃべり過ぎたり、話が横道にそれる参加者がいたりすれば、途中で柔らかく割って入るなど、全員が参加できるように配慮します。

意見がひととおり出揃ったら、それらを整理し、主要な論点を絞ります。最後に論点の議論を経て結論を引き出し、参加者の合意を形成します。

こうした議事運営の技術は、ファシリテーションと言いますが、詳述するとそれだけで１冊の本が書けてしまいますので、詳細は必要に応じて関連の書籍を参考にしていただきたいと思います。

【壁を突破する秘訣　その32】
改善、改革テーマは大局的視点で決める。

【壁を突破する秘訣　その33】
職場レベルの改善は、職場の業務を棚卸した上で、ビジョンに即してテーマを決める。

【壁を突破する秘訣　その34】
全社レベルの改革は、プロジェクト体制で、フェーズを分けて進める。

【壁を突破する秘訣　その35】
会議は、目的とゴールを明確にした上で、事前準備を徹底し、シナリオに基づいて進行する。

4　ＩＴを活用する

ＩＴの進化は目覚ましい

前節では、業務改善や改革の取組み方を説明してきましたが、大きな効果を目指す上では、ＩＴの活用が求められます。

近年、ロボットやＡＩに代表されるように、コンピュータの技術革新がすさまじい勢いで進んでいます。

ＡＩとは、いわゆる「人工知能」のことですが、専門的な知識をデータベース化して、これまで人間の専売特許だった認知や推論などの様々な能力をコンピュータで実現できるようになってきました。本章で紹介したゑびやの事例も、ＡＩを活用した改革ですが、その他、車は自動運転の実用化が目前です。碁や将棋の世界では、一流棋士でもＡＩに勝つことが難しくなってきました。また、一定の条件を入力することにより、小説まで書けるようになってきています。２０１３年、オックスフォード大学のマイケル・オズボーンは、今後10～20年で、約半数の仕事がＡＩに取って代わられると予測しています。

現在、大企業をはじめとする先進企業では、どんどん業務へのＡＩの適用が始まっています。他企業がＡＩを含めたＩＴ化を進め、生産性向上に力を入れる中で、「よくわからない」からという

【図表45　ＩＴの役割】

業務の効率化支援

経営情報の提供

問題の先送りは、ますます成長の機会を奪うどころか、存続すら危ぶまれることを十分に認識いただく必要があります。

そこで、まずは、情報システムの役割と有効性を改めてお伝えしたいと思います。

ＩＴの役割

情報システムには、大きく2つの役割があります。業務の効率化の支援と経営情報の提供です（図表45参照）。

業務の効率化の支援の第1が計算処理です。会計処理や給与計算、売上、仕入処理など、入力さえ間違えなければ、様々な計算を瞬時かつ正確に処理してくれます。

第2は、業務間のデータ連携と書類作成です。上流工程で入力された情報は、リアルタイムに関連業務に反映されます。業務の効率化に極めて効果的です。データ連携の例として、受注から売上、入金までの流れを見てみましょう。

まず、顧客から引合いがあると、見積りをシステムで作成します。次に、その案件が受注されると、作成した見積りデータを呼び出し、変更点の修正を行うだけで受注データが作成されます。同時に、システムで管理している在庫を検索して商品の引当てを行います。次いで、納期に合わせて、出荷指示書とピッキングリストが出力されます。ピッキングが終わると、再度受注データを呼び出し、出荷処理を行います。この作業で、売上データ、売掛金データ、請求予定データが作成され、同時に在庫も引き落とされます。締めのタイミングでは、期間中の請求予定データを活用して、請求データを作成するとともに、請求書を出力します。顧客から入金があると、請求データを呼び出して入金処理を行うことで、売掛金が消し込まれます。

実際の手順は、もう少し複雑であり、人手によるチェック作業も必要ですが、システムのデータ連携を活用することで、大幅に事務処理が効率化されます。

業務の効率化の第3点目は、データの再利用が可能であるということです。顧客によっては、定期的に同じ商品を注文するところがあります。その場合には、以前の受注データを呼び出し、受注日を変えるだけで、簡単に受注を登録することができます。見積りでも、類似の案件を参照することで、短時間に見積りデータを作成できます。情報シスステムの活用メリットがご理解いただけると思います。

情報システムのもう1つの役割は、経営情報の提供です。経営情報とは、経営や業務運営上の意思決定をサポートする情報です。日々の業務でつくられたデータを加工して、売上や利益といった業績推移はもちろんのこと、顧客別や商品別の売上／利益推移、仕入先別や商品別の仕入額、在庫推移、新商品比率や新規顧客の販売状況など、様々な情報を出力することができます。業務効率化もさることながら、こうした情報を活用することで、重点顧客の選択や顧客深耕、仕入先の絞込み、シナリオの妥当性検証など、より的確な意思決定が可能になります。

システム化の効果がご理解いただけたのではないかと思います。ところで、肝心のコストはいくらかかるのかとの懸念もあるかと思いますが、この点は後述します。

社員のＩＴリテラシー強化

社員のＩＴリテラシーの低さが大きな非効率を生んでいることをお伝えしました。業務の効率化には、社員がパソコンソフトの活用に習熟することが必要です。

中には、「うちはあまり書類をつくらないから、パソコンソフトの操作は特に必要ない」とおっしゃる社長もおられるかも知れません。しかし、その時点でそれは誤りです。日常の業務では、あまりパソコンを使わない仕事もあるでしょう。しかし、経営計画や部門計画、進捗管理、人事評価、それから業務の「見える化」などの情報を正確に共有するためには、文書化は不可欠です。口頭のコミュニケーションでは、必ず情報の伝達漏れや、理解の相違が生じ、決して共有はできません。

また、それらの文書を手書きで作成すると、膨大な手間がかかります。伸び悩んでいる中小企業の根本的な問題の1つが、情報の共有不足であり、その原因が文書作成力、つまり「見える化」の不足にあります。情報を正確に共有する上で、ＩＴリテラシーの向上は、特に部署をまとめる管理職以上では必須と言えます。

ITリテラシーの向上の対象は、まずほぼすべてのパソコンにインストールされているメールソフトと、エクセルなどの表計算ソフト、ワードなどのワープロソフトです。中高年の社員にしてみれば、「いまさら」といった反応があるかも知れませんが、業務効率化に不可欠だということを社長から伝えていただき、取り組ませる必要があります。商工会議所や民間企業で、パソコンソフトの講座を開催しています。基本は1日あれば習得できます。標準ではインストールされていませんが、プレゼンテーションソフトのパワーポイントも、わかりやすく情報を共有する上で有効なツールです。

システム導入の進め方

システム化が進まない最大の理由は、「コストがかかる」からです。第1章で、老朽化に伴うシステム再構築について、コストが見えないために、結論が先送りされていた会社の話を紹介しました。先送りの結果、明らかに業績が改善するならともかく、そんなことは普通ありません。非効率が生じている現状を放置している間にも、ムダなコストが発生し続けているということに気づく必要があります。

「コストがかかる」といっても、いくらかかるのかわからなければ、経営判断はできません。まず、いくらかかるのか明確にすればよいのです。そのためには、自社がどんなシステムをつくりたいのかを明確にする必要があります。それを見極めるためには、まず、どのような業務プロセスにするのかを決める必要があります。システムは、あくまでも業務を支援するものだからです。

システム導入の取組みは、各業務に精通している部署の代表者を集めてプロジェクトを組み、部門横断的に進めます。そこで業務プロセスのあるべき姿を検討するとともに、そのプロセスを効率的に支援するシステム機能を洗い出していきます。ちなみに、この作業をシステム要件定義といいます。業務の流れに沿って、必要なシステム機能を洗い出していくわけです。また、経営や業務の意思決定に必要な情報は何かを考え、それらの情報を日々の業務処理の中で収集できるようにするのです。

そうして洗い出されたシステム要件をもとに、複数のシステム開発会社に提案依頼をかけ、提案内容や価格を比較検討して開発会社を決定します。他方、システム導入効果については、事務処理の削減工数と、経営情報充実に伴う増収効果を概算で見込みます。これで費用対効果が「見える化」されます。

この一連の作業には、ある程度システムに理解があるメンバーが必要です。ところが、多くの中小企業では、社内にシステムに精通した社員がいない場合もあります。その場合には、前節でも触れましたが、コンサルタントの活用を検討しましょう。

開発会社を決めてから、その会社のシステムエンジニア（ＳＥ）と検討を進める会社もありますが、開発会社主導になりがちなのと、費用が割高になるため、あまりおすすめしません。やはり、この作業は、きちんと社内で行った上で、複数の開発会社から相見積りを取って決めるのが妥当と考えます。開発業者にしても、漠然とした内容で見積りを求められても、適正な価格提示が困難であり、開発のリスクを織り込むと、どうしても割高な価格にせざるを得ません。また、開発業者間の提案内容が違い過ぎると比較も困難です。

開発会社が決まれば、そのSEと打合せを重ねながら、システムを具体化していきますが、大事なことは、やはり主役は皆さんだということです。常に業務のあるべき姿を意識して打合せに臨むことです。それが明確であれば、SEがシステムでの実現方法を考えてくれます。

なお、コンサルタントは、あるべき業務の設計やシステム要件定義以外にも、現行業務の分析やシステム導入効果の試算も行ってくれます。また、開発業者に対する提案依頼や選定の際のアドバイスをしてくれます。コンサルタントに依頼する際には、具体的な支援の内容を明確にしておくことが重要です。

【壁を突破する秘訣　その36】

システム化によるメリットを認識する。

【壁を突破する秘訣　その37】

管理職のITリテラシーを高める。

【壁を突破する秘訣　その38】

システム導入は、社内で業務プロセスを検討し、システム要件を抽出して、開発会社を決める。

第6章　組織風土の壁と突破する秘訣とは

1 「組織風土の壁」の正体

組織風土とは何か

社長が、何か新しい事業に取り組むことを社員に説明した場合、会社によって社員の反応は様々です。「それは面白そうです。ぜひ成功させましょう」と、多くの社員が乗り気になる会社もあれば、「どうせうまくいきません。やめたほうが無難です」と、後ろ向きの反応を示す会社もあります。また、表面的には前向きの態度を示すものの、同僚間では「社長がまた新しいことを考えついたようだが、どうせうまくいかないさ」と、面従腹背で受け止めるような会社もあります。

あるいは、会議の場面で、社員が活発に意見を述べ合い、建設的な結論を次々に決めて実行に移す会社がある一方で、会議中、誰も自発的に意見を言わず、時間だけがむなしく過ぎていく会社もあります。いずれの例も、どの会社がより高い業績を上げられるかは言うまでもありません。

こうした社員の反応を決めるものが、組織風土と言われるものです。組織風土とは、社員が、明示的または暗黙的に共有している行動様式や雰囲気です。全員が感じ取っている無意識の基準と言えます。

組織風土は、大きくハード的要素とソフト的要素に分けられます。ハード的要素とは、経営理念やビジョン、社内規程など、文書などで明示できるものを言います。一方、ソフト的要素は、権限

【図表 46　組織風土の氷山モデル】

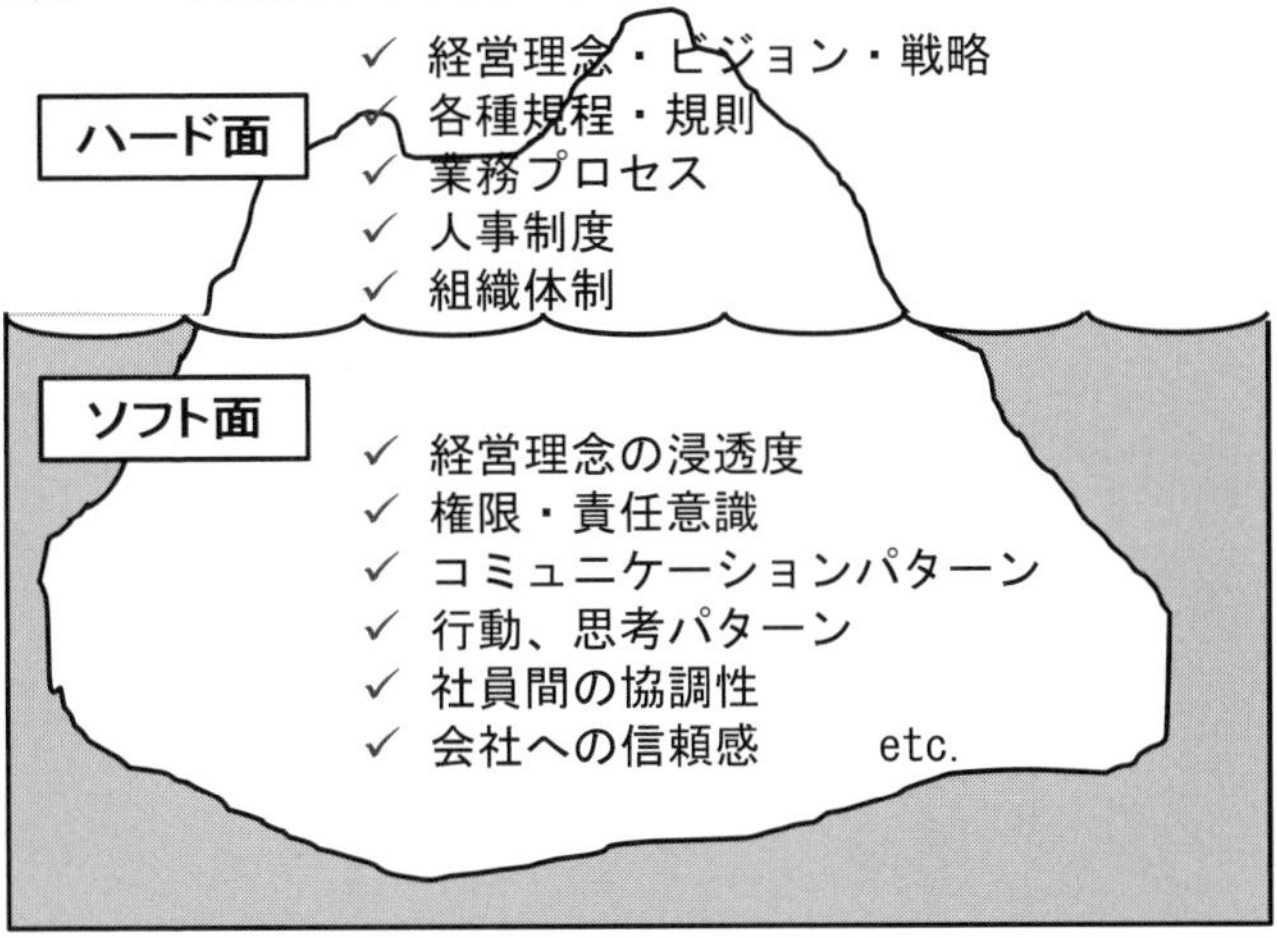

や責任の果たし方、組織内のコミュニケーション、人間関係、重視される基本的価値観など、社員間で暗黙に共有されている要素です（図表46参照）。

理屈では、ハード的要素はソフト的要素を反映して明文化されたものであるべきですが、相互がリンクしていないケースもしばしば見られます。

例えば、経営理念は重要な組織風土の1つですが、立派な経営理念が掲げられているにもかかわらず、社員がそれを全く認識していないことも珍しくありません。また、業務プロセスにおけるルールが定められているにもかかわらず、それが守られないばかりか、違反が黙認されている場合もあります。そう考えると、ソフト的要素こそが、社員の行動様式を規定するものと考えることができます。

ソフト的要素は、社員の行動や感情に大きな影響を与えますが、目に見えないことに加え、組織に深く根づいているものだけに、変えるのは容易ではありません。組織の性格ともいえます。人間もそうであるように、性格を変えるというのは容易ではないのです。

とはいえ、それが社員の行動や感情に影響を与え、その結果として会社の業績を決めることになるのですから、業績を上げられる性格にする必要があります。どんな性格の組織が業績を上げることができるのか、あるいはできないのか、いくつか見てみましょう。

■成長する組織風土の特徴

顧客の利益を常に考える／新しいことにチャレンジする／社員がお互いを尊重する／社員が相互に切磋琢磨する／チームワークを重視する／自分の意見を率直に言う／決められたことを守る

■停滞または衰退する組織風土の特徴

自分の利益を最優先する／前例踏襲／人間関係が希薄／向上心が希薄／個人主義／本音を言わない（言えない）／決めたことが守られない

いかがでしょうか。皆さんの会社がどんな組織風土なのか、それが具体的にどう社員の行動に影響し、どう業績に影響しているのかを理解することが重要です。

第2章以降、壁を突破する方法を解説してきましたが、それらが成果を上げるためには、並行して組織風土にも目を向ける必要があります。

それでは、組織風土の壁を突破する方法を考える前に、成長の大きな壁になる典型的な3つの組織風土を見ていきましょう。

独裁型組織風土

すべての判断において、トップの意向が絶対的であり、社員、中でも管理職クラスが、何でもトップの意に沿うように動こうとする風土です。創業社長が、強力な意志とリーダーシップで会社を引っ張ってきた会社に多く見られます。こうした組織では、規模が小さく、会社が伸びている間は、社員もトップへの信頼のもと、モチベーションも高く、スピード感のある経営が可能です。

ところが、成長が鈍化し、トップの指示が成果に結びつきにくくなると、様々な問題が生じます。何よりも、社員の間に社長の判断に対する疑念が生じます。最初は、社員間でそうしたことがささやかれ始め、組織の空気が徐々につくられていきます。

そのうち、勇気を持った社員が、社長の指示に対し直接、疑問をぶつけるかも知れません。その疑問を社長が受け止め、社員とともに対策を考えて実行されるのであれば、新たな成長軌道に乗るとともに、健全な組織風土が形成されることでしょう。

しかし、これまで社長の指示通りに動いてきた社員にとって、自ら考えて行動することに慣れていないため、社長の考えに疑問は感じるものの、適切な対策を提言できない会社もあります。すると社長は、「文句を言うばかりで、やはり部下は頼りない。自分が決めなければ」との思いを強くします。

また、これまで強力な意志とリーダーシップで会社の成長を支えてきた社長にとっては、強烈な成功体験があります。社員からの提言を、自身への批判と感じる社長もいるかも知れません。そこ

【図表47　独裁型組織風土】

- ✓ 経営への不信感
- ✓ モチベーションの低下
- ✓ 当事者意識の欠如
- ✓ 事なかれ主義
- ✓ 面従腹背
- ✓ コミュニケーションの希薄化
- ✓ チームワークの欠如　etc.

で社長は、勇気を振り絞って提言した社員を怒鳴りつけます。そうすると、その社員のモチベーションは失われます。そして、自分の考えを進言することを諦め、不満を持ちながらも、表向き社長の意向に沿った行動をとるようになります。あるいは、タイミングを見て会社を去っていくかもしれません。周りの社員も、後を追うか、物言わぬ社員になっていきます。こうして社長と社員の溝は深まり、独裁型風土ができあがります（図表47参照）。

　この話は、想像を交えてはいますが、独裁型風土が形づくられる典型例です。これ以外にも、後継社長が、社員から軽んじられないように、意図的に尊大に振る舞うような場合にも、同じような組織風土が形成されます。

　こうした風土のもとでは、表向き社長の指示に従順な一方で、腹の中では、社長に対する不信が渦巻き、当事者意識の欠如や、事なかれ主義、責任回避、前例踏襲型の業務運営がはびこります。仕事に対するモチベーションも少なく、笛吹けど踊らない社員に、社長の怒りとストレスはたまっていく一方です。

指示不徹底型組織風土

社長が業績改善に向けて様々なことに取り組もうとするものの、それが一向に徹底されない風土です。表向き社員は受け入れるものの、それぞれが自分なりに都合よく解釈したり、あれこれ理由をつけて、半ば公然と指示をスルーしたりします。社長の指示の実行が困難な理由を列挙し、社長が指示を撤回するよう説得したりします。

そのような際に、社長が毅然とした対応が取れないと、指示が徹底されない風潮が一気に広まります。これは、先代社長のもとで、一定の業績を上げてきた会社で、後継社長が経営を引き継ぐ過程で生じやすい風土と言えます。先代社長とともに、汗水流して働いてきた幹部社員がいる会社が典型例でしょう。

後継者が早い段階から会社に入り、計画的に業界や業務のことを理解し、幹部社員との関係を築きながら経営を引き継ぐ場合には、こうした風土は生まれにくいのでしょうが、継承期間が短かったり、新社長が独自性を発揮しようと、社員の納得を得ないまま急激な方針転換を図ろうとしたりする場合に往々にして見られます。

こうした会社では、幹部社員には、先代社長のもとで会社に貢献してきたという自負があります。そこに新社長から、急に新しいことを求められてもなかなか納得できません。人はそもそも、必要

【図表48　指示軽視型組織風土】

- ✓ 経営の軽視
- ✓ 部門間の対立
- ✓ 前例踏襲主義
- ✓ ぬるま湯体質
- ✓ 他責傾向
- ✓ チームワークの欠如　etc.

性に得心しない限り、自分が経験的に培ってきたスタイルを変えることを好みません。これまでのやり方で成果を上げてきたのに、経験の浅い社長から指示をされても、そのとおりにやろうと思えないのも無理のないことかも知れません。

何度でも言いますが、組織とは、共通の目的・目標の達成のために、複数の人が協働する仕組みです。当然のことながら、社長の指示が徹底されない組織が、1つにまとまって業績を上げることは不可能と言っていいでしょう。

部門の論理が優先され、部署間の対立が生まれやすくなります。部署間が協働して会社全体で業績を確保しようとする意識が薄れ、業績不振を環境や他部署の責任に転嫁する風潮が生まれます。また、かつての成功体験から、前例踏襲に陥ったり、指示を軽視することが許容されることから、ぬるま湯体質が醸成されたりもします（図表48参照）。

このような社長と幹部社員との軋轢が生じる中で、社

【図表49　諦め型組織風土】

- ✓ 経営への不信感
- ✓ 他責傾向
- ✓ 現実逃避
- ✓ 無力感
- ✓ 前例踏襲主義
- ✓ 個人主義
- ✓ チームワークの欠如　　etc.

長自身が指示することを諦め、業績が下降していくと、次の諦め型組織風土に移行します。

諦め型組織風土

3つ目は、諦め型組織風土です（図表49参照）。言葉は悪いですが、負け犬型組織風土と言ってもよいでしょう。「どうせ何をやったってムダだ」、「どうにもならない」といった空気が蔓延している組織です。

成熟ないし衰退産業で、長年業績が低迷している会社が陥りやすい組織風土です。前述の独裁型組織風土や指示軽視型組織風土のもとで、業績不振に陥った会社が、諦め型組織風土に進化？　していきます。私がファンである阪神タイガースも、かつてこう言われていた時期がありました。

こうした風土の会社で、社員に共通して見られる特徴は、総じて他責傾向であるということです。また、「自分たちは頑張っている」という言葉もよく聞かれます。

つまり、自分は頑張っているにもかかわらず業績が悪いのは、すべて環境が悪い、あるいは経営が悪い、他部署が悪いからだという理屈です。実際に外部環境も悪いわけですから、外部に業績が悪い理由を探そうとすれば、いくらでも指摘できるわけです。

組織風土を変えるのは難しいものですが、負け犬的意識を払しょくするのはとりわけやっかいです。衰退産業であっても、例えば、今治の地場産業で、典型的な衰退産業であったタオル業界が、協力して高品質の「今治タオル」というブランドを確立して復活したように、創意工夫により一定の業績を維持している会社は数多くあります。

しかし、無力感が蔓延している会社の社員に、同業で業績を維持している会社の話をしても、企業規模や立地等、自社との違いばかりを取り上げて、それが業績が維持できる理由だと主張します。あえて意地悪な言い方をすれば、自社の業績が悪いことがやむを得ない理由を見つける感度には、少なからず感動を覚えることすらあります。

一方で、こうした社員は、自社内部の問題点も認識はしています。しかし、それも自分から変えていくにはエネルギーが必要ですし、何よりそもそも外部環境が悪いのでエネルギーをかけたところで結果は同じだと考えてしまいます。こうして会社全体に無力感が浸透していきます。

こうなると、社員は、現状を変えるために何をすべきということを考えなくなります。いわゆる思考停止状態です。結果が出ないとわかっていても、これまでどおりのやり方で仕事を進めます。幹部も諦めているので、これまでどおりの指示を行うことが仕事と考え、結果には無関心になります。そして先の見えない道をひたすら歩み続けます。

組織風土の壁を突破する

成長を阻害する典型的な組織風土を見てきましたが、実際には、これ以外にも様々な組織風土があるでしょう。これら成長を阻害するすべて組織風土に共通することは、社長の指示が社員の行動に反映されないということです。多くの人は変化を好みません。社長の指示が反映されないということは、結果として社員は今までどおりの行動をとるということです。外部環境に変化がないとしても、今までどおりの行動からは、今までどおりの結果しか生まれません。新たなステージに上がる、すなわち新たな成長軌道に乗ることは永遠にできません。

組織風土は、その根本の部分が目に見えないものであり、また、時間をかけて形づくられるものだけに、これを変えることは容易ではありません。たとえそれが自分にとって好ましくない状態であっても、我慢できないものでなければ、エネルギーをかけてまで変えようとは思わないのです。ですから、いくら組織風土改革が必要だと力説したところで、組織は変わりません。いったいどうすればよいのでしょうか。

組織風土を変えるためには、第1に、意識的に「変化」を与える必要があります。組織風土は安定的です。それを変えるには、何かしら変化を与えて、不安定な状況をつくり出す必要があります。いわゆる「ゆらぎ」を与えるのです。ゆらぎの内容は、小さなことでもよいのですが、社員が、「何

【図表50　ハードアプローチとソフトアプローチ】

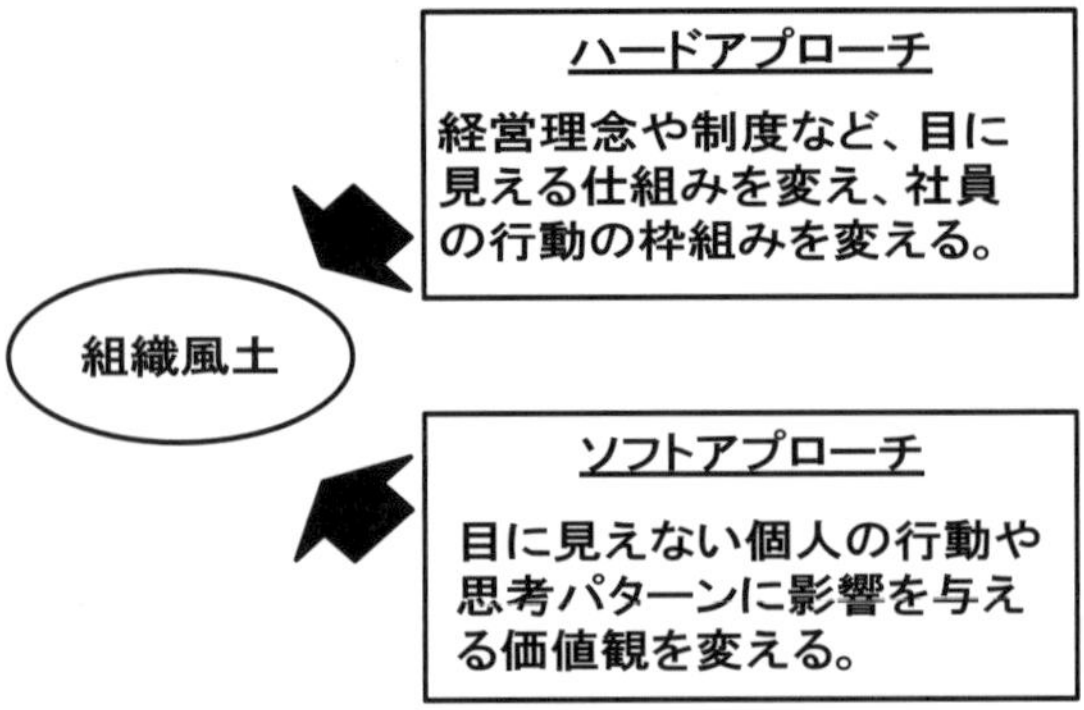
ハードアプローチ
経営理念や制度など、目に見える仕組みを変え、社員の行動の枠組みを変える。
組織風土
ソフトアプローチ
目に見えない個人の行動や思考パターンに影響を与える価値観を変える。

か変えようとしている」と感じさせることが重要です。ただ、ネガティブな組織風土に馴染んでいる多くの社員にとっては、同時に警戒感を持たれたり、反発されたりするかもしれません。しかし、それでよいのです。

次に、社員にゆらぎを与えた段階で、一気に話を進めます。ここで気を緩めたとたん、小さな変化はあっという間に現状の組織風土に飲み込まれ、もとの安定した状態に戻ってしまいます。再び登場しますが、ドラッカーの言葉に、「文化は戦略を朝食のように食べてしまう」というのがあります。いくらよい戦略だとしても、社員は従来の枠組みで、「どうせ無理だ」、「できっこない」と解釈してしまい、結局何も起こらないということです。

組織風土を変える方法には大きく、ハードアプローチとソフトアプローチがあります(図表50参照)。組織風土には、ハード的要素とソフト的要素があると言いましたが、ハード的要素を変えることをハードアプローチと言います。文書で明示される、経営理念やビジョン、諸制度を再構築し、社員の行動の枠組みを明確にすることで、社員の行動様式を変えようとする取組みです。具体的には、第2章以下で述べてきた、経営理念やビジョンの確立、計画の立案、管理職の役割明確化、ＰＤＣＡサイクルを回す会議体の設置、人事評価制度や目標管理制度、システム導入などの取組みは、すべてハードアプローチです。

一方、ソフトアプローチとは、ソフト的要素に働きかける方法です。権限や責任の果たし方、報連相を含む組織内のコミュニケーション、人間関係、重視される基本的価値観など、社員に暗黙に共有されている要素を変えていく取組みです。

ハード的要素を見直すだけでも、社員の行動や思考パターンを変えられる場合もありますが、ソフト的要素が変わらなければ、その効果は限定的です。立派な経営理念やビジョンをつくっても、社員にそれを実現したいという意識が共有されなければ、組織は変わりません。経営理念やビジョンの実現に力を尽くしたいという意識、決められたルールは守るのが当然という意識が社員になければ、どんな仕組みも期待した成果を生むことはできません。ですから、多くの場合ソフトアプローチが必要になるのです。

もう1つ大事な点があります。それは、社長自身が本気で取り組むということです。会社の風土は、結局のところ社長で決まるといってもよいと思います。社長ご自身が、現在の組織風土をつくっているのです。組織風土を変えたいのであれば、まずは社長ご自身が変わることも必要です。これについては本章の最後にお伝えしたいと思います。

中小企業は、多くの点で大企業に比べて持てる資源が限られています。ただ、間違いなく大企業に対して有利なことがあります。それは組織が小さいことです。その分、組織風土を変えることは大企業に比べてはるかに容易です。

それでは、組織風土の壁を突破する具体的な方法を見ていきましょう。

2 改革への機運を高める

改革への準備

組織風土を改革するに当たってまず取り組むことは、改革に対する合意形成です。つまり、「なぜ組織風土改革をやらなければならないのか」ということを、社員に納得させる必要があります。この合意がないまま改革を進めても、必ず頓挫します。そうすると、改革反対派からは、「それ見たことか。うちの会社では何をやっても無駄だよ」ということで、今の好ましくない組織風土が強化されてしまいます。こうしたことにならないためにも、しっかりとした合意形成が必要なのです。

しかし、これが難問です。独裁型や指示軽視型、諦め型の組織風土を持つ会社では、この合意形成自体、簡単にはいきません。何しろ当事者意識に欠けていたり、経営に対する不信感があったりする社員ですから、普通に改革をするといっても、素直に納得するはずがありません。改革を全社に発表する前に周到な準備が必要です。事前に準備することは、次の4つです（図表51参照）。

【図表51　改革への準備】

改革の目的

改革の背景

改革の進め方

協力者の確保

■改革の目的

何度も繰り返しますが、何をやるにしても、一番重要なのは目的です。現状を変えるにはエネルギーが必要です。そのエネルギーを与えるのが目的です。

後ろ向きの社員であっても、現状に満足していないのであれば、変えることそのものに表立って異論はないでしょう。問題は、「どう変わるのか」ということと、「自分にどう影響するのか」ということです。また、「余計な負担になることはやりたくない」ということもあるでしょう。まず、これらの疑念に明確な答えを用意するのです。

第1の「どう変わるのか」については、要するに「業績を上げて、社員がやりがいを持って働ける会社を創る」ことに尽きます。次に、「自分にどう影響するのか」では、業績が上がれば給料も上げられるし、やりがいが増すことを伝えます。「余計な負担になることはやりたくない」点については、まずは、どうすればよりよい会社にできるのか、意見を出してもらいたいということでよいでしょう。当面は負担感のない範囲にします。

もう1つ大事なことは、これを社長が不退転の決意で、社員に本気で伝えることです。経営に不信感を持つ会社ほど、この点を強調しておきます。

■改革の背景

次に準備することが、改革の背景の整理です。詳細な調査は改革スタート後に改めて実施するとして、準備段階では、改革の目的の必要性が理解できるものを準備します。さほど時間をかける必要もありません。具体的に準備するものとしては、次のものが挙げられます。

・過去5年程度の業績推移

要するに、業績が伸び悩んでいることの説明です。

・過去3年程度の給与支給水準の推移

給与支給額が十分社員の期待に応えられていないことの説明です。

・外部環境

業界動向や競合他社の動向など、厳しい経営環境にあることの説明です。

・組織風土の現状

成長の阻害要因として懸念される組織風土を簡単に整理します。

重要なことは、これだけ状況は厳しいけれども、自社でできていないことがまだたくさんあって、それを1つずつ変えていけば、必ず展望が拓けると言うことを伝えるのです。また、これまでの業績低迷が、社員の責任であるということは、仮に思っていたとしても、絶対に口にしてはいけませ

【図表52　改革のステップ】

ん。難しいことを承知でお願いしたいのは、あくまでも社長の経営の仕方に、根本的な原因があったという趣旨で、話していただくことが重要です。特に、社員に他責傾向があるような会社では、上から目線で社員に原因があるというニュアンスが伝わった時点で、協力は望めません。

■改革の進め方

３つめの準備は、改革の進め方です。改革のステップと推進体制を決めます。組織風土を改革するといっても、社員は、「いったい、どうやって組織風土を変えるのだろう」と疑問に思うでしょう。そうした社員に具体的な進め方をイメージしてもらい、「できるのかな」と思ってもらうことが目的です。

改革のステップは、基本的には図表52の流れになります。まず、キックオフ・ミーティングで、改革の目的と背景、改革の進め方の共有を図ります。続いて、現状を詳細に分析し、具体的な課題を明確にして共有します。次に、課題に優先順位をつけた上で、課題ごとの解決策を策定し、個別に実行に移した上で定着化を図ります。

推進体制は、プロジェクトで行います。定例の会議体を設け、そこでメンバーによる分析と討議を行い、合意をとりながら丁寧に進めます。

プロジェクトメンバーは、改革テーマにかかわる関係部署の管理職クラスですが、重要なことは、メンバーが、社員に対し一定の影響力があると言うことです。また、ステップの進行に伴い、順次メンバーを拡大していくのが一般的です。

定例会議は、スピード感でいえば週次開催が理想ですが、専任メンバーが難しい中小企業では、隔週開催が現実的です。また、会議時間は、中身の濃い議論を行うためには、最低2時間、可能であれば3時間程度は欲しいところです。

■協力者の確保

準備の最後は、社長の協力者の確保です。これは、必須条件といってもよいでしょう。社長の意を汲んで、行動してくれる協力者がいるといないとでは、取組みの進み具合が大きく違います。可能な限り協力者を確保します。社長の想いを誠実かつ真摯に伝えれば、協力者は見つかります。三顧の礼ではありませんが、諦めずに協力を求めるのです。その上で、準備段階から協力者の意見も取り入れながら、いっしょに取り組むことで、社長にとって頼もしい協力者としてプロジェクト推進にかかわってもらうことが期待できます。

以上が、事前準備の内容です。「準備がすべて」という言葉がありますが、どんな改革もスタートが肝心です。しっかりした準備を行うことで、社員に確かな「ゆらぎ」が与えられます。

合意を形成する

準備ができたら、改革の合意形成です。ただ、周到に準備をしたからといって、一気に合意形成は進みません。周知は、全社員に対するものと、プロジェクトメンバーに対するものとで別々に行います。

■全社員への周知

まず、全社員に対しては、できる限り一堂に集めて一斉に行うのが最も効果的です。社内全社員が収容できる場がないのであれば、近隣の会議室を借りてでもやる意味は大きいと思います。支社や営業所が分散して、どうしても集まることが難しい場合には、テレビ会議で行うか、それも難しければ、社長が間隔を置かずに全支社や営業所を回りましょう。

大事なことは、社長が直接社員に語り掛けることです。流暢でなくても、改革への準備で整理した、改革の目的と背景、および進め方の概要を、自分の言葉で本気で語り掛けることです。

■キックオフ・ミーティング

一方、プロジェクトメンバーに対しては、キックオフ・ミーティングを行います。キックオフ・ミーティングとは、まさにサッカーの試合開始のキックオフのように、改革をスタートする際のミーティングのことを言います。実施は、全社員に対する説明会の直後がベストですが、難しいようであれば、できるだけ間を開けない時期に実施します。時間は2時間あれば十分でしょう。

プロジェクトメンバーに対するキックオフ・ミーティングでは、全社員に対するよりも具体的に説明します。全社員への周知の繰返しになりますが、「社員が活き活きとその能力を発揮できる組織風土を創り、新たな成長を目指したい」ということ、そのためにはメンバーをはじめ社員全員の協力が必要であることを、全社員への周知同様、心を込めて伝えるのです。その上で、改革の進め方やメンバーに期待する役割を伝えます。

その際、一方的に説明するのではなく、必ず質疑を行うことが重要です。肯定的か否定的かはともかく、取組みに関心を示す社員であれば、多くの場合、何らかの質問が浮かんでくるものです。意見が言いやすい雰囲気をつくり、質問には丁寧に答える姿勢が必要です。場合によっては、否定的、批判的な意見が出るかも知れませんが、そうした質問に対しても誠意をもって答える姿勢を見せることが重要です。

多少大げさに思われるかも知れませんが、プロジェクトメンバーから、改革への参加に際しての決意表明をしてもらうことも、参画意識を高める上で効果的です。簡単でいいので、改革への感想や自身の役割に対する意欲を発表してもらいましょう。

最後に、社長から、改めてプロジェクトメンバーへの期待と協力依頼を伝えミーティングを解散します。


以上が、改革の合意形成に向けた社員への通知です。これで全社員の改革に向けた合意形成が一気にできあがるということは期待しないほうがよいですが、現状の組織風土に「ゆらぎ」を生じさせるという大きな意義があります。肯定的・否定的両面あるにせよ、社員の意識に変化が生じます。

ここからが、会社の将来を決める勝負です。取組みが中途半端に終わると、好ましくない組織風土が強化されることになります。後戻りはできないのです。

現状を直視する

前章でも触れましたが、現状分析は極めて重要なステップです。現状の問題点を具体的に明らかにするとともに、その問題の根本原因を明確にすることです。

改革の機運を高める上で、現状を直視し、それを社員と共有することは極めて重要です。業績が低迷している会社の多くは、経営層と社員との間に溝があります。経営層は、社員を頼りないと思う一方、社員の側にも経営に対する不信感があります。自分のことが重視されていないとか、重要なことを隠しているのではないかという不信感です。社員の協力がないと改革は成功しません。当事者意識も持たせることはできないのです。出しにくい情報もあるでしょうが、そこは社員の協力を得るためにも、業績を含めて可能な限りオープンにしましょう。

ここでは、現状分析の1つである社員の意識調査について触れておきます。組織風土を改革する際、意識調査を行うことは極めて有効です。漠然と組織風土を捉えるのではなく、経営への信頼や人間関係、職務満足など、組織風土のソフト的要素を、定量的、定性的に把握することができます。

意識調査は、アンケートを活用します。当然ですが、この作業で重要なことは、社員の本音を浮き彫りにすることです。アンケートは無記名で実施します。しかし、アンケートを社内で実施すると、アンケートの自由意見から個人を特定されることを恐れて、本音が引き出せません。アンケートの回収率が極端に低くなったり、当たり障りのない結果になったりします。したがって、アンケート調査は、多少費用はかかりますが、外部機関を活用します。意識調査には様々な手法があり、コンサルティング会社などが提供していますが、私は厚生労働省方式のモラールサーベイと言うものを使用しています。

組織風土に問題があると考えて実施したアンケート調査ですから、まず結果は好ましいものにはならないでしょう。また、自由意見では、社長をはじめとした経営層や、特定の個人に対する痛烈な批判もよくあります。ここで重要なことは、社長は、その事実を正面から受け止めるということです。これには覚悟が必要です。批判の中には、社員の誤解によるものもあるかもしれません。反論したいことも出てくるものです。しかし、そこはぐっとこらえて、誤解を招いたことも含めて、その事実をしっかり受け止める覚悟を持ちましょう。

これには、大きな意味があります。1つには、事実を事実として理解するという、現状分析の根本的な目的があります。そして、それ以上に重要なことは、会社をよくするために、会社批判も含め本音が言える会社であることを社員に伝えるということです。批判に真摯に耳を傾けることで、社長の本気度を伝えるメッセージです。このこと自体、組織風土を変える一歩です。

もう1つ、アンケート結果を確認する際に、大切なことがあります。いわゆる「犯人捜し」をしないことです。会社に対する批判的な意見や、的外れの意見があった場合に、その内容や文字の特徴から、「これは○○が書いたものに違いない」と、興味本位の話題になることがあります。気持ちはわかりますが、これは避けなければいけません。なお、アンケート調査の結果は、プロジェクトメンバーにはもちろんのこと、個人が特定される意見や個人攻撃を除き、全社員と共有します。

ただし、社長や経営層に対する批判は共有することが、社長の本気度を伝える上で重要です。

社員を巻き込む

改革は、プロジェクト会議で議論を重ねながら、現状分析、課題設定、解決策の策定・実行、定着化と進めていきますが、重要なことは、この会議の中で、メンバーの改革機運を高めていくということです。

改革への意識を醸成するためには、まず、会議の中でメンバー個々の意見を尊重し、議論に関与させることが必要です。組織風土に問題がある会社では、社員が自身の意見を言わない傾向があります。こうした状態を打破するように持っていくために注意しなければならないのは、社長は、社員の意見に対して、決して批判的な対応をとらないということです。

意見の中には、自分のことを棚に上げて、会社や他者の批判があるかも知れません。社長の考えと異なる意見もあるかも知れません。そうした意見であっても、発言しないよりはよっぽど健全です。会議で発言できる空気をつくることは極めて重要であり、その役割を担えるのは、社長しかいません。腹に据えかねる意見もあるかも知れませんが、そのときこそ社長の懐の深さ、度量の広さを社員に示すチャンスと捉え、発言が出てきたことを喜んでいただきたいと思います。

こうした会議を重ねるにつれ、メンバーの意識に変化が生じます。ただし、どういう組織でも頑固な社員は存在します。回を重ねても相変わらず会社批判を繰り返す社員、できない理由ばかりを並べ立てる社員などがいたとしても、決して排除せず、粘り強く対応することが必要です。

「2：6：2の法則」というものがあります。あらゆる組織に当てはまるといわれる経験則で、組織の上位2割は優秀な社員、6割は普通の社員、残りの2割が不良社員になるというものです。

この法則を応用した解釈に、上位2割の社員の空気に、普通の6割の社員がなびくというものがあります。つまり、すべてのメンバーが同じ意識で一丸となることが理想ではあるけれど、まずは2割の人の意識を変えられれば、組織の空気は変わると言うことです。まず、組織風土改革に前向きな2割の社員をつくることです。

最後に、組織風土改革の取組みには、やはりコンサルタントを活用することが有効です。多くのコンサルタントは、課題解決型の会議に慣れているため、上手く議事を進行してもらえるでしょう。ただし、コンサルタントに過度に依存してしまうことは禁物です。コンサルタントを活用する場合でも、その提言に対する十分な納得と、最後は自分たちで決めるという意識は持っていただく必要があります。

ここまで進めば、具体的な対策を打つ前に、組織風土には好ましい変化が見られるはずです。

【壁を突破する秘訣　その39】

組織風土改革は、改革の機運を高めるために周到な準備を行ってから開始する。

【壁を突破する秘訣　その40】

組織風土改革の目的と進め方を、全社員に心を込めて伝える。

【壁を突破する秘訣　その41】
会社への批判も含めて、現状を真摯に受け入れることで、社長の本気度を伝える。
【壁を突破する秘訣　その42】
社員を巻き込むために、社員の意見を引き出し、しっかり聴く。

3　良好な組織風土を創る

健全な組織

長年コンサルタントをしていて、業績を上げ続ける会社、健全な会社の条件を考えてきました。細かく分析すれば、それこそいろいろな条件が挙げられるのでしょうが、突き詰めて考えると、結局、業績を上げ続ける健全な会社とは、次の３つの要素が揃っているということができると思います（図表54参照）。

●経営理念・ビジョンが浸透している。
●ＰＤＣＡサイクルが円滑に回る仕組みがある。
●社員が当事者意識を持っている。

社員が会社の経営理念とビジョンをしっかり認識し、ビジョンを達成するためのＰＤＣＡサイクルの仕組みが確立され、社員が自身の役割を認識した上で、当事者意識を持って役割を遂行する組

【図表54　健全な組織の３要素】

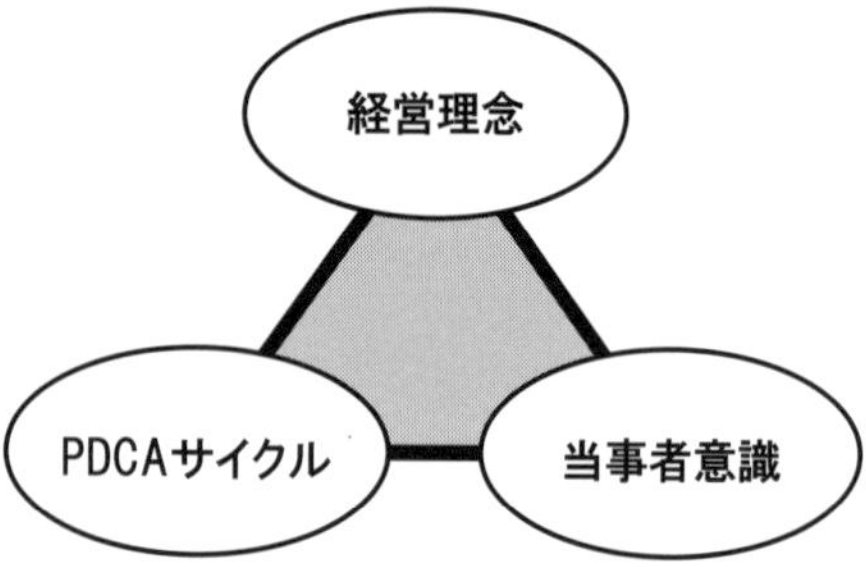

織であれば、業績を上げ続けることが可能です。これまでに示した様々なアプローチも、結局この３つの柱を確立する取組みです。

少しおさらいをしておきます。経営理念・ビジョンの重要性は、第2章で解説しました。事業を推進していくためには、計画に重みを持たせる必要があり、その重みを与えるのが経営理念とビジョンです。経営理念とビジョンが、全社員の共通の目的・目標として共有されれば、大きな力を発揮します。経営理念が浸透している会社は、例外なく業績を上げています。

ＰＤＣＡサイクルについても第2章で解説しましたが、最も効率的に成果を上げるための仕事の進め方の鉄則です。単純な話、目的と目標が決まったら、どうやれば目標が達成できるかを考え、それを実行します。ただし計画には「机上」の限界があり、想定通りに成果を得られないのが当たり前です。ですからしっかり検証し、想定どおりの成果が得られなかった行動に対し、対策を考えて再実行します。計画に一定の合理性があれば、ＰＤＣＡサイクルを徹底すれば、最も効率的に成果が上がるのは当然なのです。

３つ目の当事者意識の醸成については、第3章で解説しました。

当事者意識を喚起するためには、経営理念・ビジョンが共有されていること、ＰＤＣＡサイクルを回す仕組みがあることが前提ですが、加えて役割認識と、役割を果たすためのスキルとツールを持つことで、当事者意識を持つことができます。第3章から第5章の内容は、この役割認識とスキル、ツールの整備のお話です。

経営理念の浸透

良好な組織風土を創る上で、経営理念が浸透していることは根本です。組織風土改革は、ハードアプローチとソフトアプローチの2つの方法があると言いましたが、経営理念の浸透を容易にするためのハードアプローチとしては、経営理念を制度やルールに反映させることがあります。

まずは、人事評価制度との連動です。人事評価制度については、第3章と第4章で解説しましたが、経営理念に示された内容を、行動として積極的に実践する社員を評価し、処遇に反映させます。会社が経営理念を重視していることを、具体的に社員に示す方法として有効です。経営理念そのものへの理解や、経営理念が謳っている、社員に求める基本姿勢を人事評価における能力評価の項目に加えます。また、業務プロセスのルールや、諸規程に記載されているルールも経営理念に即して見直します。

他方、ソフトアプローチとしては、まず、経営理念の解説文をつくる際、あるいは新たに経営理念をつくる際に、社員の声を聴くことです。少人数であればミーティングでもよいし、それが難しければアンケートでも構いません。自分たちの会社がどんな会社でありたいのか、思い思いの意見を出してもらうのです。その上でそうした意見からキーワードを抽出し、わかりやすく、かつ人の心に響く表現の文章にまとめるのです。

キーワードの抽出も、社長1人ではなく、幹部社員を交えます。これは、社員に当事者意識を持たせる上で大きな効果があります。自分もかかわった理念ですから、与えられたものより何倍も大事にしようという意識になるのは当然です。

さらに大事なことは、社長自身が、新たに創った経営理念ないし、解説文に示したような会社にすると本気で信じることです。そうでなければ、社員を信じさせることはできません。その上で、新たに決められた経営理念あるいは解説文を社員に周知します。

単に社員に配付しただけでは効果はありません。全社員を集め、社長が直接伝えます。うまく伝える必要はありません。社長が本気で実現したい経営理念を、自身の言葉で伝えます。これまでとは一線を画し、再出発する意味を込めるのです。

なお、発表は、始業後や就業時間中というよりも、終業前にやるのが効果的です。終業後に、各自がその余韻を感じながら、新たな経営理念に想いを馳せることができるからです。

発表後は、日常、社員とのコミュニケーションの中で、意識的に経営理念や、解説文にあるキーワードに触れるのです。社長の経営理念へのこだわりを、社員に伝えるのです。前出のジョンソン＆ジョンソンは、「我が信条」にこだわり続ける会社ですが、社内ミーティングで、ＣＥＯが社員に話す機会があるときに、「我が信条」に触れないことはまずないということです。

また、社長のこだわりを社員に示すため、職場ごとに、経営理念をどのように日常業務に落とし込むか話し合ったり、経営理念の実践事例を共有したりする勉強会を設けるのもよいでしょう。人事評価のタイミングで、社長が社員1人ひとりと面談を行うのも効果的です。

そして最後は、社長自らが経営理念を率先垂範することです。どんなレベルであれ、何らかの意思決定や行動は、経営理念に基づいて行われる必要があります。例えば、経営理念に「社員を相互に尊重する」というような趣旨が含まれているにもかかわらず、会議に平気で遅れてくる社長であれば、すべての経営理念に掲げた文言は、社員にとって空文となってしまいます。

信頼される会社

良好な組織風土を創るためには、社員に信頼される会社であることも必要です。会社に対する信頼には2つの要素が考えられます。1つは、会社そのものに対する信頼、つまり自分の会社が安定的で、いつまでもここで働くことができるという安心感です。まさに会社が安定的に利益を上げるとともに、健全な財務体質であるということです。

しかし、中小企業の場合、この条件が必ずしも満たされるとは限りません。とはいえ、一定の信頼が持てるような働きかけは必要です。経営理念やビジョン、経営計画の共有、および意思決定への関与、業績の開示は、社員に対し基本的な信頼を与えます。

【図表55　信頼の３要素】

挨拶、声掛けをする

約束を守る

話を聴く

そして、もう1つの信頼が、社長に対する信頼です。つまり、自分は社長に認められ、必要とされているという信頼感です。これは、社長の気持ち1つで与えることができます。具体的には、社長が社員に対し、会社にとって必要な人材だというメッセージを伝えるのです。社長にとってみれば、頼りない社員で、不満も多いかも知れません。しかし、現時点でその管理職がいなければ、会社が回らないのも事実です。

社員から信頼を得るためのメッセージは次の3つです。信頼の3要素と言われます（図表55参照）。

■挨拶、声掛けをする

別にどうということもないことですが、挨拶や声掛けは、相手の存在を認めているというメッセージです。社長からこまめに声掛けをしましょう。

■約束を守る

約束を守ることは、相手を尊重しているというメッセージです。特に小さな約束を守ることで、社員を尊重していることが伝わります。

■話を聴く

人は、自分の話をしっかり聴いてくれる人に信頼感を覚えます。社員の話をしっかり聴くことで信頼を得ることができます。

社長から、こうした働きかけをすることで、社員は、自分は社長から会社の一員として認められていると感じることができます。そうなれば社員は、会社の中で、さらに有益な存在として認められたい欲求を満たそうと、主体的な行動をとるようになります。

経営の神様と言われた松下幸之助翁にこんな話があります。ある経営幹部が、自身が任されていた事業の業績不振で、松下幸之助翁に呼び出されました。幹部は、厳しい叱責を受ける覚悟で、戦々恐々として社長室に入ったそうです。そこで松下幸之助翁は、「君ともあろうものが、この業績は一体何だ」と叱りつけたそうです。この言葉に経営幹部は恐縮するとともに発奮して、業績を回復したと言います。厳しい叱り方の中で、「君ともあろうものが」という言葉に、自分が信頼されているということを確信したのです。

風通しのよい組織

社長や管理職に「どんな職場にしたいですか」と聞いたときに、必ず出てくる答えの1つが、「風通しのよい職場」です（図表56参照）。誰もが思う理想的な職場だと思います。しかし、私の限られた経験からしても、風通しのよい職場は必ずしも多くないような気がします。

ほとんどの人が実現したいと感じているにもかかわらず、それが難しいのはなぜでしょうか。「心理的安全性」という言葉があります。社員が安心して、自分の考えを自由に発言したり行動したり

【図表56　風通しのよい組織】

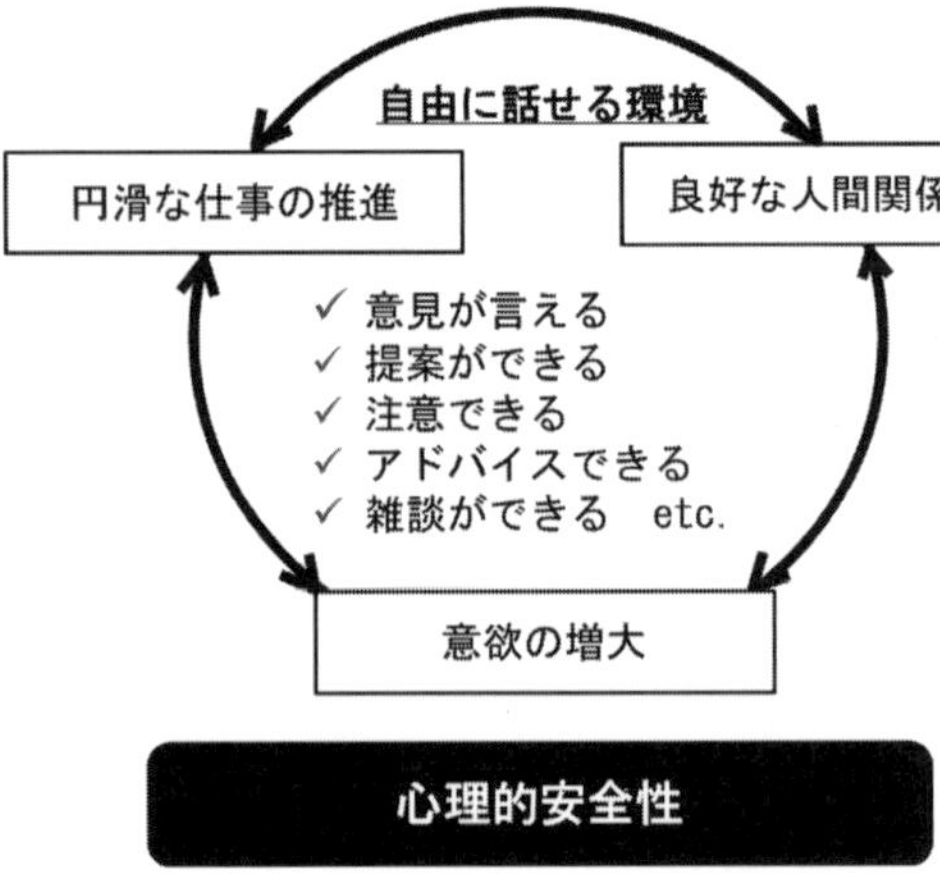

できる状態を言います。アメリカのエイミー・エドモンソンが提唱した概念で、グーグルが社内で調査を行った結果、生産性を高める重要な要素であることを、２０１５年に発表して注目を集めました。

心理的安全性を邪魔している要素は、無知、無能、否定的、邪魔の4つの不安です。つまり、こんなことも知らないのかと思われたり、こんなこともできないのかと思われたり、皆の邪魔をしていると思われたり、否定的なことを言うと、水を差していると思われたりしないかという不安です。口に出さないまでも、多くの人が感じる不安だと思います。

こうした不安を感じないようにするための条件は2つです。1つは、自身の言動が、組織のためだと言う、自分に対する信頼です。何度も繰り返しますが、経営理念やビジョン、計画、そして自身の役割に対する理解です。そしてもう1つが、職場のメンバーに対する絶対的な信頼です。自身の役割を果たすための言動であれば、どんな言動でも周囲はそれを受け入れてくれるという信頼です。

そうした職場であれば、どちらが卵か鶏かはわかりませんが、円滑に仕事は進み、良好な人間関係が築けるでしょう。結果、社員の意欲も増大します。生産性が上がるのは当然です。

では、どうすれば他者に対する信頼を醸成することができるのでしょうか。

それは、「あなたと私は違う」という当たり前の事実を社員1人ひとりが認識し、共有することです。人は生まれ育った環境が違います。家庭環境や学校で受けた教育、交友関係、趣味や嗜好、価値観など、すべて異なります。人は、ともすればこの当たり前の事実を忘れます。人は、自分とは違うのです。だからこそ、コミュニケーションが重要なのです。

では、そもそもコミュニケーションの目的とは何でしょうか。1つに「相互理解」というのがあります。自分の経験や意見を相手に伝えるのは、自分のことを知ってもらいたいためです。また、相手にいろいろ質問するのは相手のことを知りたいと思うからです。

「相互理解」がコミュニケーションの目的だとすると、その目的を達成するためには、2つのルールを守る必要があります。第1に、相手の考えが理解できるように聴くこと、第2に、自分の考えが伝わるように話すことです（図表57参照）。

このルールが守られたコミュニケーションであれば、目的が達成できます。しかし、このルールを守ることは決して簡単ではありません。実際、他の人と会話しているときを思い出してみてください。果して相手の考えが理解できるような聴き方をしているでしょうか。また、自分の考えを一

【図表57　コミュニケーションの目的とルール】

コミュニケーションの目的

相互理解

↓

コミュニケーションのルール

相手の考えが理解できるように聞く

自分の考えが伝わるように伝える

方的に話し、相手に伝わったことが確認できているでしょうか。これらはルールとは言いながら、私自身、守ることは簡単ではないと思います。しかし、だからこそ少なくともこの2つのルールを意識する必要があります。

相互理解の不足から誤解を生じ、人間関係に支障をきたすことは多々あります。こうした誤解を減らし、円滑な人間関係を築くことで、仕事もうまく回ります。

社長が変わる

最後に、おそらく一番難しい、しかし実行すればその効果は絶大である秘訣をお伝えします。それは、「社長が変わる」、つまり、今読んでおられるのが社長であれば、ご自身が変わるということです。社長以外の方は、会社を自部門に置き換えて読んでいただければと思います。

仕組みが確立している大企業はともかく、多くの中小企業の組織風土は、よくも悪くも社長の考えや態度を大なり小なり映し出しています。会社は社長を映す鏡です。よりよい会社にするために、会社に強い影響を与えている社長ご自身が、まず変わるということです。

自分を変えるということは、勇気がいります。「他人と過去は変えられないが、自分と未来は変えられる」という有名な言葉があります。これはエリック・バーンという精神科医の言葉です。自分の意思で変えることができるのは自分だけで、その自分を変えることで他人と未来を変えることができるというものです。真理をついた言葉だと思います。

私も含め、自分の意に沿わない人がいるとき、人はとかくその他人を変えようとしがちです。いくら口を酸っぱくして、「経営理念に沿って行動しろ」と言ったり、「報告をしっかりしろ」と言ったりしても、社員はなかなか思うように行動してくれないと、思い悩む社長はたくさんいます。とかく、何かうまくいかないことがあると、人は周囲のせいにしがちです。

ずいぶん昔の話ですが、バブルが崩壊して、日本が長期低迷のど真ん中にあった2000年前後、ある社長とお話したときのことです。その会社は、業績が厳しく、社長は頭を悩ませていました。しかし、私が業績低迷の理由を尋ねると、「景気が悪いのが原因だ。××首相が景気対策をしっかりしないからだ」とおっしゃっていました。確かにそういう部分もあったでしょうし、心情は理解できるのですが、そう結論づけた社長の考えに欠けていたことは、同じ環境の中で堅調な業績を維持している同業者がいるという事実です。いくら景気の悪さのせいにしたところで、景気を変えられるわけでもありません。そうではなくて、自分たちの意思で変えられる社内の原因に目を向け、その原因を取り除く努力をした会社が、失われた20年ともいわれる、経済環境の中を生き残ってきたのです。

もう1つお伝えしたい話があります。これもずいぶん昔にテレビで紹介され、ミュージカルにもなった有名な話ですが、北海道の十勝バスという路線バス会社の話です。

自動車の普及や過疎化の影響で、地方の路線バスは、多くが厳しい経営を強いられています。この会社もご多分に漏れず倒産寸前だったそうです。危機的な状況の中、先代から会社を継いだ社長は、社員にいろいろ業績改善を提案するのですが、これまでの度重なるリストラや給与カットで、すっかり意欲を失くした社員は言うことを聞いてくれません。そんなことを経営者仲間で愚痴っぽく話していたとき、先輩経営者から、「会社をダメにしているのはお前だ。お前は社員を愛していない」と言われて気づいたそうです。翌日、社長は、社員に対し、業績不振を社員のせいにしてきたことを詫び、以後、自分から社員に挨拶したり、昼食を共にしたりして、社員との距離を縮めていったそうです。そうした努力を続けた結果、社員から様々な提案が上がるようになり、それらを実行に移した末に、40年振りに増収に転じたという話です。社長が自身を変えたことで、未来が拓けた格好の事例だと思います。

うまくいかない原因を、自分がコントロールできない外部の現象に帰することを「他責」といいます。人は、自己を正当化したいという意識を本能的に持っており、それを守るための防衛機制が働く結果です。自分は悪くないのだから、自分を守る上では都合がいいのです。

一方、うまくいかない原因を、すべてではないにせよ、自分にもあると考えることを「自責」と言います。自分が責任を取るということは勇気がいりますし、認めたくないという意識も働きます。

【図表58　目指すべき組織風土】

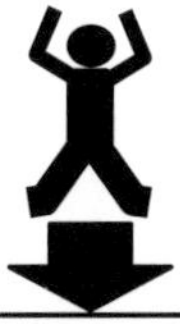

- ✓ 顧客の利益の追求
- ✓ チャレンジ精神
- ✓ 社員相互の尊重
- ✓ 社員間の切磋琢磨
- ✓ チームワークの重視
- ✓ 率直な意見の表明
- ✓ 決まりの遵守　etc.

ただ、自責には、ものすごく大事な意味があります。それは、自分に変わる意思さえあれば、状況を変えられるということです。他責によって自分の精神は安泰ですが、周りが変わらない限り、好ましくない状況は変わりません。

一方、原因が自分にもあるのであれば、自分が変わることによって、状況を好転させることが可能になります。自分がコントロールできるということです。

松下幸之助翁は、経営が順調なときには社員のおかげと考え、苦境に立ったときには自分の責任と考えたそうです。

もし、社長が会社の組織風土に問題があると感じており、それが、会社が新たなステージに立つうえで壁になっていると感じているのであれば、まずご自身が変わる勇気を持っていただきたいのです。そして社長ご自身が理想とする組織風土を創り上げていただきたいと思います(図表58参照)。

自分を変えるということは、よくも悪くもこれまでの周囲との関係で築かれてきた、自分に対するイメージを変えるということです。自分が態度や行動を変えることによって、周囲がどんな反応を示すかわかりません。そう考えると、やはり自分を変えるには勇気がいります。

しかし、社長が、誠心誠意自身を変える努力を続けることによって、その変化に応える社員が必ず出てきます。そうした社員が1人、2人と増えてくれば、組織風土は確実に変わります。

経営理念とビジョンを掲げること、そしてその実現のために必要な組織風土を創ることは、社長にしかできない仕事です。そして、それらを実現するためには、何より社員の協力が欠かせません。

結局、一番大事なことは、社長と社員との信頼関係だと思います。その信頼関係を築くために、自らが変わる勇気を、少しだけ持っていただきたいと思います。

【壁を突破する秘訣　その43】
経営理念を浸透させる。

【壁を突破する秘訣　その44】
会社に対する信頼を与える。

【壁を突破する秘訣　その45】
風通しのよい職場を創る。

【壁を突破する秘訣　その46】
社長が変わる。

第7章　新たなステージへの挑戦

1　小さな1歩を踏み出す

どこから始めるか

さて、ここまで成長を阻害する5つの壁を突破する方法を見てきました。これで新たなステージに上るための準備はできました。しかし、スタートを切る前に、あと2つほど決めなければならないことがあります。それはどこから始めるかということと、いつから始めるかということです。まずは、どこから始めるかです。

結論から言えば、どこから始めるのがよいのかは、会社の状況によって異なりますから、一概には言えません。ただ、それでは元も子もないので、大きな考え方を3つ紹介します。

■抜本改革（図表59参照）

結果的に最短で最も大きい効果を上げようとするのであれば、本書に書かれた内容にすべて取り組むことです。すなわち、経営理念の再構築から始めて、ビジョンおよび3か年の中期経営計画を策定します。中期経営計画に盛り込む内容は、会社の状況によって異なりますが、5つの壁に示された、ＰＤＣＡサイクル構築、業務改革、人事制度構築、管理職および社員教育、組織風土の現状を踏まえて、計画に反映させせます。

このうち、組織風土改革については、第6章に示したとおり、ハードアプローチとソフトアプロー

【図表59　抜本改革の進め方（イメージ）】

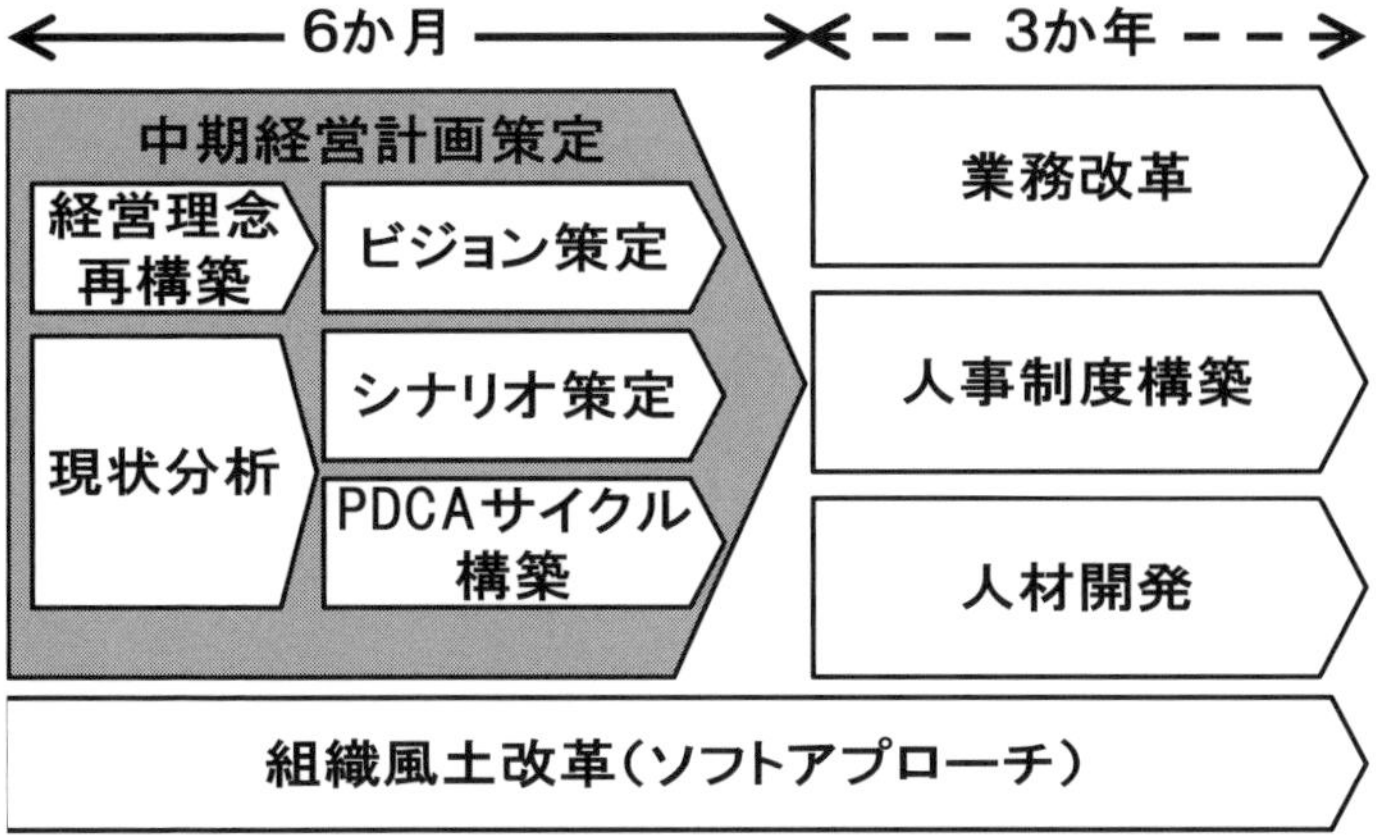

チがあります。

ハードアプローチは、中期経営計画の策定、ＰＤＣＡサイクルの構築、業務改革、人事制度構築、人材開発の他、経営理念およびビジョンの明示がこれに当たります。

一方、ソフトアプローチは、これらハードアプローチの取組みの中で、進め方やコミュニケーションの工夫によって進めます。

また、経営理念、ビジョンの明示、およびＰＤＣＡサイクルの構築については、中期経営計画をつくる中で行います。ＰＤＣＡサイクルの仕組みを中期経営計画の中でつくるのは、計画が完成したら、即座に進捗管理が必要になるからです。

中期経営計画ができたら、それを全社員と共有した上で、計画の内容に基づいて、３年かけて経営理念・ビジョンの浸透や、業務改革、人事制度改革、人材開発に取り組みます。これらの取組みは、社員にかかる負荷と優先順位を考えて着手時期をずらしても構いませんが、社員の行動に変化を与える意味では、人事制度改革を優先するのがよいでしょう。

このアプローチは、最大の効果が期待できますが、いくつもの大きな改革を同時並行的に進めていくため、高度なプロジェクトマネジメント能力とともに、社員の負荷も大きくなります。コンサルタントの活用を検討しましょう。また、業務改革の中で情報システムの導入を行う場合には、システム開発会社の協力も必要です。

■現状の課題を優先した改革

経営理念の構築や業務改革、人事制度、人材開発など、5つの壁のうち、改善が必要なものを優先的に行います。一定の負荷で一定の効果が期待できますが、第1章で示した、それぞれの壁の相互の関連を踏まえて、実施内容を決定します。抜本改革に比べると、効果に制約が出る可能性があります。

■できることから始める改善

前の2つのアプローチは、期間が必要なことと、実施期間中、ある程度社員に負荷がかかります。まずは、すぐにでも着手できることから始めるのも1つの考え方です。効果は限定されますが、すぐに効果が得られるというメリットもあります。また、小さな成功体験を通じて、社員に改善グセが身につく効果も期待できます。

例えば、職場単位の業務改善や、管理職に対する研修、ITリテラシーの強化などが考えられます。ただし、組織風土によっては、小さな改善すら実行されない可能性もあります。最終的に新たな成長ステージに上がれる時期も遅くなります。

いずれのアプローチを採るにしても、最初は、全社員を集めて社長自らが、改革のメッセージを伝えることが必要です。また、社長ご自身も、社員とこれまでとは異なる接し方を意識していただく必要があります。

いつから始めるか

次に、いつから始めるかです。これは簡単です。社長が新たなステージに向けて出発すると決意すれば、そのときがスタートです。

ただし、最初にやることがあります。第6章でお伝えしましたが、新たなステージを目指すというその想いを、社長が最も頼みとする部下に伝えることです。新たなステージに立つ決意を伝え、会社の現状も伝えられる範囲で伝えます。そして前項を参考に、どこから始めるのかをともに検討し、第6章で示した、改革の準備を進めます。

大事なことは、部下の意見にもしっかり耳を傾けると言うことです。まずは、その部下を味方につけることが必要です。その上で主要な幹部に、順次その考えを伝え、許容できる範囲で幹部の意見も取り入れます。いわゆる根回しです。ある程度方向が固まれば、役員会に諮り同意をとります。ここまでの取組みで、幹部の意識に変化が現れることもあります。

しかし、そこで早速最初の壁にぶつかることもあります。社長が頼みとする部下が見当たらないことです。その場合には、幹部1人ひとりと面談し、個々の考えを聞き出しましょう。その意見を聴きながら、進めていけそうなアプローチとテーマを決めるのです。話を聴く中で、頼みとする人材が見つかる可能性もあります。ただし、目的はあくまでも新たなステージに向かうことです。少なくとも、その方向に向かえる内容とする必要があります。ベストの方法とは言えませんが、社長主導でもそのような内容にしていただくことが必要です。

社員の話を聴くこと自体、今までにないことであれば、社員にとってのゆらぎです。好ましい変化も期待できます。

こうして、主要なメンバーの同意が得られたら、準備を固めた上で、プロジェクトを起ち上げ、全社員に向けてメッセージを発信します。いよいよ新たなステージに向けた旅が始まります。

【壁を突破する秘訣　その47】

新たなステージに向けた、具体的な進め方を決定する。

【壁を突破する秘訣　その48】

改革のスタートの前に、主要な社員の意見を進め方に反映する。

2　よりよい明日に向けて

新たな出発

かつて日本は、高度成長期と呼ばれ、右肩上がりの成長を続けてきました。当時のビジネスパーソンは、今とは比較にならないぐらい働いていました。世界からはエコノミックアニマルと呼ばれ、働きバチやら社畜やらと揶揄されながらも、ガムシャラに働き続けました。今では許されないパワハラ行為にも耐えて頑張りました。「24時間戦えますか?」という、今や働き方改革に抵触し、罰せられるようなコマーシャルが全国に流れていました。まさに現代とは隔世の感があります。時代は様変わりです。

ここで私が言いたいのは、決して過去の栄光に浸りたいとか、郷愁とかではなくて、なぜそれだけ働けたのかということです。その答えはただ1つ、「きょうよりも明日はよりよい日になる」ということが信じられた時代だったからです。だから、当時のビジネスパーソンは、明日に希望を持って、ワークライフバランスなどなくても、歯を食いしばってガムシャラに、きょうを頑張ることができたのだろうと思います。

もちろん、時代も違いますし、求められていることも当時以上に高度になっています。時代の変化のスピードも比べようもありません。しかし、人が頑張れるモチベーションの根本が、「きょうよりも明日はよりよい日になる」ということは変わらないのだろうと思います。

昔は、社会が、その明るい明日を提供してくれました。しかし、今の時代は、残念ながらそうはいきません。成熟した日本社会は、少子高齢化をはじめ、所得格差の拡大や、財政危機、温暖化によると思われる激甚災害など、多くの困難な課題に直面しています。

さらに、今この項を書いている現在、新型肺炎が世界中に蔓延し、世界および日本国民の生命および経済を脅かしています。医療機関をはじめ、多くの方が歯を食いしばって新型肺炎と戦っています。日本はもとより全世界の人が、リーマンショックを超える、かつてない苦難の真っただ中にいます。しかし、多くの犠牲を払いながらも、いつか人類はこの戦いに打ち勝つはずです。そして、その先にある未来に向けて1歩を踏み出さなければなりません。

こうした時代だからこそ、社員の方が信じられる「きょうよりも明日はよりよい日になる」ことを、1つひとつの会社が提供する必要があるのです。

経営環境が激変する中、日本の産業構造も大きく変化しました。かつて花形産業と言われた家電業界も昔の勢いはありません。また、世界をけん引した半導体産業も、非常に厳しい状況です。皆さんの会社の属する業界も、成熟産業や衰退産業かも知れません。ただ、現時点で、一定の売上があるということは、皆さんの会社が社会に必要とされているということです。将来的に市場がなくなるのであれば、今こそ業績を上げて体力をつけ、業態転換を図るといったことも可能です。これが大局的視点です。

富士フイルムという会社をご存じでしょう。かつて国内市場の70％を占めるフィルムメーカーでしたが、今は、そこで培った技術を活かし、医療機器や医薬品、化粧品など、総合ヘルスケア企業として、見事な構造転換を成功させました。また、第2章の経営理念で紹介した伊那食品工業は、寒天製造業です。典型的な成熟産業ですが、積極的な用途開発を進め、現在も好業績を続けています。皆さんの会社が、新たなステージに立つまでの旅には、途中大きな岩礁が現れるかも知れません。

大きなシケに出会うかも知れません。１つひとつの壁を突破することは容易ではありません。しかし、簡単ではないからこそ、壁を乗り越えた先には、他社がマネのできない武器を手に入れることができます。その武器を身につけて、新たなステージに立っていただきたいと思います。その先に、「きょうよりも明日はよりよい日になる」現実が待っています。それが、元気な日本を復活させる力にもなるのです。

経営理念の実現に向けて

本書は、皆さんの会社が現状の壁を突破して、新たなステージに立つための処方箋をお示ししました。そして、その根本にあるのが経営理念だということもお伝えしてきたつもりです。何度も恐縮ですが、経営理念こそ、会社の存在意義です。存在意義がある限り、会社は続きます。

経営理念が浸透した会社、すなわち、１人ひとりが会社の存在意義である経営理念を大切にし、全員でそれを追求するために知恵を絞り、協働する組織風土を持った会社が、社会に必要とされるのは当然のことと言えます。

ちなみに、２００年以上続いている日本の会社は３１００社あるそうです。これは、第2位のドイツの８００社に対し、ダントツの第1位です。「売り手よし、買い手よし、世間よし」という、いわゆる「三方よし」の精神に代表されるように、古来、日本企業は、ビジネスを単に金儲けと捉えるのではなく、社会貢献の精神を持っていることがその理由と考えられます。

その会社の1つに、世界最古の企業である、578年創業の金剛組があります。神社仏閣の建築、修理を行う会社です。この会社の理念は、「伝統の技術を後世に伝える」というものです。やはり存続し続ける企業は、社会に必要とされる価値を提供し続ける会社です。必要とされてこそ利益が生まれます。

そろそろ紙面も尽きたことですので、書き残したことは別の機会に譲ります。

本書を、皆さんの会社が新たなステージに踏み出すきっかけにしていただきたいと思います。皆さんの会社の成功を祈念して筆をおきます。さあ、よりよい明日に向かって船出の警笛がなりました。

Bon Voyage!

【壁を突破する秘訣　その49】

社長が、社員の「きょうよりも明日はよりよい日になる」を提示する。

【壁を突破する秘訣　その50】

皆さんの会社が新たなステージに立つことが、明日の日本を元気にする。

おわりに

「どうすれば、会社を大きくすることができるのだろうか?」

これが、本書を手に取っていただいたときの皆さんの切実な想いです。本書を読み終えて、その答えを見つけていただけたでしょうか。

日本は、成熟社会になって、時代の流れの中で会社も右肩上がりの成長が期待できた時代は終わりました。また、目まぐるしい経営環境の変化の中で、1度は成功したビジネスモデルも長続きはしなくなりました。会社は、新たなビジネスモデルを構築し、それを柔軟につくりかえることのできる組織を創り上げる必要があるのです。

また、本文中でも触れましたが、組織とは、「共通の目的と目標の実現のために、複数の人が協働する仕組み」です。本書では、随所で「目的」の重要性を強調してきましたが、目的に対する強い想いこそが、人を動かすものだと思います。会社の目的は経営理念です。

二宮尊徳の言葉に、

「道徳なき経済は罪悪であり、経済なき道徳は寝言である」

というのがあります。道徳を理念に、経済を経営に置き換えると、こう言いかえることができます。

「理念なき経営は罪悪であり、経営なき理念は寝言である」

こう考えると、やはり経営理念とそれを実現する仕組みの両方が必要だと言うことが、納得できます。

経営とは、経営理念を実現させるために、中期経営計画をつくり、ＰＤＣＡサイクルを回す仕組み、人材育成や目標管理制度、人事評価制度の仕組み、情報システムなどの仕組みをつくることです。

組織は、結局のところ人です。人がすべての経営資源を生み出し、他の資源を活用するのです。

有名な武田信玄の、次の言葉も思い出してください。

「人は城、人は石垣、人は堀、情けは味方、仇は敵なり」

どれだけ優れた仕組みをつくっても、人の心が離れてしまえば、仕組みを活用することはできません。愛情を持って社員に接すれば、仕組みを最大限活用し、会社に貢献してくれますし、社員が軽んじられていると感じるようなことをすれば、いざというときに、裏切られてしまうということです。

持てる能力を最大限発揮できるよう、社員にやりがいを与える経営理念とビジョンを示し、それを実現するための、仕組みという武器を与えることです。

しかし、そうは言っても、世の中なかなか思いどおりにはいかないものです。忍耐が必要です。

それからもう1つ、エリック・バーンの言葉を思い出してください。

「他人と過去は変えられないが、自分と未来は変えることができる」

自分を変えることは簡単ではありませんが、自分が頑なに主張したことを折れることで、話が前に進んだというような経験は、多くの方がお持ちだと思います。皆さんは、事あるごとにこの言葉を思い出し、会社を良くするために必要であれば、少しでも変えられるところは変える努力をしていただきたいと思います。

名言ついでに、最後にもう1つ、天台宗の開祖である最澄のこんな言葉を紹介します。

「一燈照隅　万燈照国」

1人ひとりの力は微々たるものですが、自分に与えられた持ち場で、精一杯辺りを照らす、1人ひとりがこれをすれば、大きな光となって会社を照らすことができるでしょう。また、皆さんの会社が辺りを照らせば、皆さんの地域が、そして日本が輝くことができるのです。皆さんの会社が新たな成長ステージに立つことが、将来の日本を元気にするのです。これが究極の「大局的視点」です。

本書が、皆さんの会社の成長に、少しでもお役に立つことができたなら、望外の喜びです。

現在、新型肺炎の問題で、数多くの企業が苦境に立たされています。しかし、これもいずれは必ず収束します。皆さんにはぜひともこの試練を乗り越えていただきたいと思います。

最後になりますが、本書の企画をご提案いただいた、有限会社イー・プランニングの須賀征晶社長には、心より感謝申し上げます。

株式会社イデア・ビジネスクリエイト代表取締役　井原　準哉

著者略歴

井原　準哉（いはら　じゅんや）

株式会社イデア・ビジネスクリエイト代表取締役。ビジネスコンサルタント。

大阪府生まれ。筑波大学第二学群人間学類（心理学専攻）卒業。株式会社パスコ、アクセンチュア株式会社、株式会社日本総合研究所、ピアス株式会社を経て、2008年、株式会社イデア・ビジネスクリエイトを設立。

30年を超えるコンサルティング活動で、中期経営計画策定・実行支援、各種業務改革、人事制度構築など、大企業から中小企業まで120社以上の経営改革に携わる。独立後は、豊富なコンサルティング経験を活かし、論理的かつ実践的な研修も展開。マネジメントや問題解決、人事評価、人材育成、コンプライアンス、ワークライフバランスなどをテーマに、年間約100本の登壇実績。

＜所属団体等＞
・NPO法人めふのお家監事
・NPO法人キャリア・アンカー理事
・ひょうご仕事と生活センター外部相談員
・一般財団法人リスクマネジメント協会会員
・ボブ・パイク・グループ認定プロフェッショナルトレーナー

http://www.idea-bc.co.jp/consulting/
E-mail：jihara@idea-bc.co.jp

伸び悩む中小企業が壁を突破する「経営改革」の秘訣50

2020年5月12日 初版発行

著　者　井原　準哉

発行人　森　忠順
発行所　株式会社 セルバ出版
〒113-0034
東京都文京区湯島1丁目12番6号 高関ビル5B
☎ 03（5812）1178　FAX 03（5812）1188
http://www.seluba.co.jp/
発　売　株式会社 創英社／三省堂書店
〒101-0051
東京都千代田区神田神保町1丁目1番地
☎ 03（3291）2295　FAX 03（3292）7687

印刷・製本　モリモト印刷株式会社

ISBN978-4-86367-577-3